ताकि सनद रहे—

समकालीन हिन्दी दलित साहित्य : एक विचार-विमर्श

ताकि सनद रहे–

समकालीन हिन्दी दलित साहित्य

एक विचार-विमर्श

सूरजपाल चौहान

वाणी प्रकाशन

वाणी प्रकाशन

4695, 21-ए, दरियागंज, नयी दिल्ली 110 002

फ़ोन : +91 11 23273167 फ़ैक्स : +91 11 23275710

शाखाएँ

अशोक राजपथ, पटना 800 004, बिहार

कॉफ़ी हाउस कैम्पस, महात्मा गांधी मार्ग, इलाहाबाद 211 001, उत्तर प्रदेश

महात्मा गांधी अन्तरराष्ट्रीय हिन्दी विश्वविद्यालय, वर्धा 442 001, महाराष्ट्र

सुल्तानिया रोड, मोतिया पार्क, भोपाल 462 001, मध्य प्रदेश

www.vaniprakashan.com
marketing@vaniprakashan.in
sales@vaniprakashan.in

SAMKALEEN HINDI DALIT SAHITYA : EK VICHAR-VIMARSH
by Surajpal Chauhan

ISBN : 978-93-86799-51-7
Dalit Literature

प्रथम संस्करण 2017
द्वितीय संस्करण 2021

मूल्य : ₹ 395

सिटी प्रेस, दिल्ली-110 095 में मुद्रित

वाणी प्रकाशन का लोगो मक़बूल फ़िदा हुसेन की कूची से

साभार

'राष्ट्रीय सहारा' (हिन्दी दैनिक), 'दैनिक जागरण', 'वर्तमान साहित्य', 'कथादेश', 'हंस', 'अम्बेडकर कल्चर', 'हिन्दुस्तान' (हिन्दी दैनिक), 'समकालीन भारतीय साहित्य', 'जनसत्ता' (हिन्दी दैनिक), 'प्रबुद्ध बिहार', 'बयान', 'बहुरि नहीं आवना', 'आजकल' (हिन्दी मासिक), 'दलित दस्तक', 'अमर उजाला' (हिन्दी दैनिक), और 'लोकमत समाचार' (हिन्दी)।

भूमिका

यह पुस्तक ताकि सनद रहे 'समकालीन हिन्दी दलित साहित्य : एक विचार-विमर्श' विभिन्न साहित्यिक पत्र-पत्रिकाओं में प्रकाशित मेरे लेख/आलेख एवं टिप्पणियों का संग्रह है। इनका महत्त्व मुझे तब ज्ञात हुआ जब देश के विभिन्न विश्वविद्यालयों से दलित लेखन पर शोध कर रहे छात्र-छात्राओं से समय-समय पर इन विषयों पर जानकारी प्राप्त करने की बात कही गयी। मैं आखिर विभिन्न पत्र-पत्रिकाओं से खोज-खोज कर कब तक फोटो प्रतियाँ उन्हें उपलब्ध करवाता रहता। एक दिन सोचा कि क्यों न इन्हें एक पुस्तक का रूप दे दिया जाए।

जगह-जगह बिखरे पड़े इन लेखों/आलेखों एवं टिप्पणियों को एकत्र करने में मुझे चार माह से भी अधिक का समय लग गया। इस संग्रह में हिन्दी दलित साहित्य को लेकर दलित एवं गैर-दलित लेखकों के साथ चली लम्बी बहस में मैंने बहस के दौरान दूसरे साथी जिनमें दलित एवं गैर-दलित भी रहे हैं, उनके प्रकाशित विचारों को भी 'परिशिष्ट' में उचित स्थान प्रदान किया है ताकि यह न लगे कि मैंनं केवल संग्रह में अपनी ही बात रखी है, उन्हें नहीं पूछा या उनका पक्ष नहीं रखा।

मैं जब विभिन्न साहित्यिक पत्र-पत्रिकाओं के पुराने अंकों से सामग्री खँगालने में लगा हुआ था, उन दिनों साहित्यिक क्षेत्र में पूरे देश में उथल-पुथल मची हुई थी। साहित्य अकादेमी पुरस्कार से सम्मानित साहित्यकार एक-एक करके अपना अवार्ड वापिस करने में लगे हुए थे। कारण, साहित्यकार एम. एम. कलबुर्गी और अन्धविश्वास के विरुद्ध लड़ाई लड़ने वाले नरेन्द्र दाभोलकर एवं गोविन्द पानसरे की हत्या। साथ ही साथ देश में बढ़ती असहिष्णुता जैसी बातें रही हैं। वाकई, यह एक विचारणीय मुद्दा है और इस पर बहस व विचार होना ही चाहिए। मुझे भी इन लेखकों के प्रति सहानुभूति है, इनकी सराहना करता हूँ। जब ये साहित्यकार अपना-अपना अवार्ड लौटाने

में लगे हुए थे, उन्हीं दिनों देश में लगातार एक के बाद एक तीन घटनाएँ एक साथ घटित हुईं।

पहली घटना, प्रसिद्ध पार्श्व गायिका आशा भोंसले के बेटे की मृत्यु पर देश के प्रधानमन्त्री द्वारा गहरा दुख एवं संवेदनाएँ प्रकट करना। देश के विभिन्न समाचार-पत्रों में यह खबर पढ़ कर मन भावुक हो उठा कि देश के प्रधानमन्त्री ने अपनी संवेदनाएँ प्रकट की हैं। मानवता के नाते यह कितना अच्छा कदम है। दूसरी घटना, गौतम बुद्ध नगर, नोएडा, उत्तर प्रदेश (दादरी) के गाँव बिसाहड़ा में अखलाक की हत्या। हत्या क्यों हुई, कैसे हुई, किसने की और क्या कारण रहे, इस पर यहाँ पुस्तक की भूमिका में चर्चा करना उचित नहीं। इस पर प्रिंट मीडिया व इलैक्ट्रॉनिक मीडिया में खूब बहस हो चुकी है और आगे भी कई महीनों तो क्या कई वर्षों तक होती रहेगी। इस घटना पर पूरे देश में खूब जमकर राजनैतिक दलों ने चालीस लाख रुपयों से अधिक की अखलाक के परिवार को आर्थिक सहायता प्रदान की है। साथ-ही-साथ अखलाक के परिवार के एक सदस्य को सरकारी नौकरी देने का भी वायदा किया है सरकार ने। यह भी बहुत अच्छी और नेकी की बात है। मरने वाला तो अब इस दुनिया में वापिस नहीं आ सकता। पीड़ित परिवार की सहायता करना ही उत्तम कार्य है। शायद, परिवार के सदस्यों के जख्मों पर कुछ मरहम लग सके।

तीसरी घटना उत्तर प्रदेश, कानपुर से एक सौ चालीस किलोमीटर दूर हमीरपुर व जालौन जिलों की सीमा के बीच बसे गाँव बिलगाँव की है। जहाँ एक मन्दिर के पुजारी (संजय तिवारी) ने चीमा नाम के एक दलित को मन्दिर (मैदानी बाबा मन्दिर) में घुसने के प्रयास में मिट्टी का तेल डालकर उसकी हत्या कर दी। कितनी हैरानी की बात है कि दिनांक 3 अक्टूबर 2015 के 'दि हिन्दुस्तान टाइम्स' (अंग्रेजी) के सिवाय इस घटना का न प्रिंट मीडिया और न इलैक्ट्रॉनिक मीडिया में कोई जिक्र तक नहीं! यह कैसी व्यवस्था है? एक दलित को जिन्दा जला देने पर सभी मौन साधकर रह गये। मीडिया की तो छोड़ो, देश के बुद्धिजीवी तक चुप्पी साधकर रह गये हैं। शायद इनकी नज़रों में आज भी दलितों का कोई महत्त्व नहीं है। दलित मरते हैं तो मरते रहें, इनके साथ तो ऐसा रोज़ ही होता रहता है।

देश में छुआछूत को लेकर सन् 1955 में कानून बन चुका है, लेकिन उस कानून की खूब धज्जियाँ उड़ाई जा रही हैं। चीमा के जिन्दा जला कर मार डालने पर न उसके या उसके परिवार के प्रति कोई सहानुभूति, न मुआवजा, न कोई सुनवाई और न साहित्यकारों द्वारा कोई चर्चा। उफ! कैसी

है इस देश की व्यवस्था! जंगली जानवरों की पूजा करने वाले दलितों की हत्या होने पर क्यों मौन साधकर रह जाते हैं। दलित हत्या पर कहाँ चली जाती हैं इनकी संवेदनाएँ और सहानुभूति? खैर...!

यह पुस्तक ताकि सनद रहे 'समकालीन हिन्दी दलित साहित्य : एक विचार-विमर्श' आपके सम्मुख है। इसके प्रकाशन में वाणी प्रकाशन का विशेष सहयोग रहा है। मैं श्री अरुण माहेश्वरी जी का आभारी हूँ कि उन्होंने इस संग्रह को प्रकाशित करने में अपनी रुचि दिखाई है। पूरी उम्मीद है कि पाठकों को यह संग्रह पसन्द आयेगा।

धन्यवाद,

—सूरजपाल चौहान

सी-130-ए, सेक्टर-20
नोएडा—201301 (उ. प्र.)
मो. : 09711196855

अनुक्रम

परिशिष्ट

खूबियाँ अपने देश की

'राष्ट्रीय सहारा' दिनांक 5 अगस्त 1993 के अंक में उपरोक्त शीर्षक में लेखक ने अपने देश की कुछ खूबियों का अच्छा वर्णन किया है। लेखक ज्ञानप्रकाश विवेक ने अपने देश की कुछ खूबियों को अपने लेख में शायद जानबूझकर छोड़ा है जो उचित नहीं जान पड़ता। लेखक को ज्ञात होना चाहिए कि अपने देश की एक महत्त्वपूर्ण खूबी है, गप्पी साहित्य और पराजित इतिहास। यह तो हम सभी जानते हैं कि साहित्य ही समाज का दर्पण होता है। आज हम सभी देशवासी देख रहे हैं कि दर्पण में हमारा चेहरा कितना बदसूरत नज़र आ रहा है। देश आज किस चौराहे पर खड़ा है? अन्धकार के चौराहे पर। इसका मुख्य कारण है हमारे देश के साहित्य का ज़रूरत से ज्यादा गप्पी होना। सारे के सारे धर्म-ग्रन्थ तक गप्पों से भरे पड़े हैं।

हमारे देश की वे खूबियाँ जिनको लेखक किन्हीं कारणों से प्रस्तुत नहीं कर सके, वे हैं, देश में फैली छुआछूत की बीमारी व वर्ण-व्यवस्था, दलितों की बहन-बेटियों के साथ बलात्कार, अपने आपको भारतीय न कहकर हिन्दू-मुस्लिम कहलाना, देश के बड़े समाचार-पत्रों एवं पत्रिकाओं में सच्ची और अच्छी बातें प्रकाशित न करना, विदेशी भाषा अंग्रेजी' में राग अलापना आदि। इन सबके अतिरिक्त पिछले कुछ वर्षों में हमारे देश की कई खूबियाँ निखर कर सामने आ रही हैं; जैसे—राजनीति का अपराधीकरण, राजनीतिज्ञों द्वारा धर्म व जाति के नाम पर झगड़े करवाना और उस झगड़े में अपनी-अपनी रोटियाँ सेंकना आदि।

—'राष्ट्रीय सहारा' नयी दिल्ली, 5 अगस्त 1993

दलित साहित्य की आड़ में वोटों की राजनीति

"कमजोर वर्ग के लिए लिखा गया साहित्य ही दलित साहित्य हैं। मुंशी प्रेमचन्द ने कमजोर वर्ग के प्रति जो संवेदना व्यक्त की थी उसे साहित्यकार अधिक समय तक जीवन्त रखने में विफल रहे हैं।"

ये विचार साहित्यकार सूरजपाल चौहान ने 'जागरण' से एक बातचीत में व्यक्त किये। उन्होंने बताया कि कुछ दलित राजनीतिक नेता दलित साहित्यकार होने का ढिंढोरा पीट रहे हैं। और अन्दरखाने वोटों की राजनीति कर रहे हैं। इससे साहित्य और समाज दोनों को ही नुकसान हो रहा है। श्री चौहान का मानना है कि साहित्यकार समाज को जोड़ता है, तोड़ता नहीं। साहित्यकार को किसी वर्ग में विभाजित नहीं किया जा सकता।

सूरजपाल चौहान ने उन लोगों के प्रति गहरा असन्तोष व्यक्त किया जो पढ़-लिख कर किसी पद पर आसीन हो जाने के बाद अपने रीति-रिवाजों और परम्पराओं से मुँह मोड़ लेते हैं। यहाँ तक कि अपनी जाति का भी बहिष्कार कर देते हैं।

इस सन्दर्भ को लेकर लिखी गयी उनकी एक कहानी 'घाटे का सौदा' चर्चा में रही। श्री चौहान की रचनाएँ विभिन्न पत्र-पत्रिकाओं में खूब छपी हैं। अभी हाल में उनका एक कविता-संग्रह 'प्रयास' प्रकाशित हुआ है। सूरजपाल मानवीय संवेदनाओं से जुड़े हुए कवि हैं। उनकी कविता में ग्रामीण जीवन की अभिव्यक्ति है। शहरी जीवन में व्याप्त असन्तुलन, राजनीतिक गठजोड़ और सामाजिक विकृतियाँ इनके लेखन का आधार स्वाभाविक रूप से बन गयी हैं। शिल्प की दृष्टि से रचनाएँ भले ही इतनी सशक्त दिखाई नहीं पड़तीं, लेकिन भावनात्मक दृष्टि से कवि की रचनाएँ कमजोर नहीं हैं।

कवि ने अतुकान्त कविताओं के अलावा बाल गीत, लेख, नाटक और कहानियों में भी अपने हाथ आजमाए हैं। श्री चौहान ने अपनी रचनाओं के माध्यम से कमजोर वर्ग को दिशा देने और आत्मविश्वास भरने का प्रयास किया है।

श्री चौहान ने कहा कि आजादी के बाद साहित्यिक क्षेत्र में दलित महिलाओं का योगदान न के बराबर है। देश में गरीब तबके की महिलाएँ आज भी शिक्षा प्राप्त

नहीं कर पातीं। उन्होंने कहा कि बन्द कमरे में लिखे गये साहित्य का उस समय तक कोई मोल नहीं है जब तक वह बाहरी परिवेश में न फैल पाये।

ग्रामीण पृष्ठभूमि में लिखी गयी कवि की रचनाओं से ऐसा आभास होता है कि उन्हें ग्रामीण संस्कृति से अगाध प्रेम है। उनकी रचनाएँ शहरी परिवेश में फैली घुटन पर सोचने के लिए बार-बार मजबूर करती हैं।

उनकी राचनाओं को आत्मसात् करने पर एक प्रसिद्ध गीतकार की निम्न पंक्तियाँ स्वतः ही मस्तिक में ताजा हो जाती हैं।

शहर से जब सवालों के उत्तर नहीं मिलते
मुझे तब गाँव का वो ही सिला घर याद आता है।

चौहान, ओमप्रकाश वाल्मीकि (देहरादून) को अपनी कविताओं के लिए श्रेय देते हैं। नोएडा की सामाजिक संस्था 'स्कैन' के साहित्यिक योगदान को भी उन्होंने सच्चे मन से सराहा है। नोएडा में चल रही सांस्कृतिक गतिविधियों के प्रति भी वे आशावान नज़र आये।

बाल-कवि के रूप में सूरजपाल चौहान चर्चित नामों में से हैं। उनका एक बालगीत संकलन प्रेस में है। उनके बालगीतों में चेतना के स्वर उभरते दिखाई देते हैं। साहित्य में बहुत कुछ करने की छटपटाहट उनमें दिखाई देती है। समाज के कमजोर वर्ग के प्रति उनकी गहरी आस्था निराश हुए लोगों में नयी आशा और साहस का कार्य करेगी।

—'दैनिक जागरण', नयी दिल्ली, 20 नवम्बर 1994

दलित साहित्यकारों का मनुवाद

पिछले लगभग दस वर्षों से हिन्दी साहित्य में दलित साहित्य ने बड़ी तेजी के साथ अपनी जड़ें जमाई हैं। लेकिन उससे भी तेज गति से कुछ तथाकथित दलित साहित्यकार उसकी जड़ों में मट्ठा डालने का कार्य कर रहे हैं। 'वर्तमान साहित्य' जनवरी-2001 अंक में भगवानदास मोरवाल ने अपने लेख 'दलित विमर्श के अन्तर्विरोध' में इस ओर सच्चे और तीखे सवाल उठाये हैं। लेखक ने सच ही कहा है कि डॉ.तेजसिंह जैसे संकीर्ण मानसिकतावादी लेखक दलित साहित्य में रातों-रात छा जाना चाहते हैं। कई वर्षों तक मार्क्सवादियों के बीच हाथ-पैर मारने के बाद भी जब उनकी वहाँ पहचान नहीं बन पायी तो यह सोचकर कि चलो अब दलित साहित्य में ही जोर-आजमाइश कर ली जाये। लेकिन यहाँ भी टाँय-टाँय फिस्स होते नज़र आ रहे हैं, जैसे कि उनके द्वारा लिखित आधी-अधूरी पुस्तक 'आज का दलित साहित्य' इसका प्रमाण हैं। दलित साहित्य का अधकचरा ज्ञान होने के कारण ही बौखलाहट में वह समय-समय पर दलित साहित्य का अलमबरदार बनकर उल्टे-सीधे वक्तव्य जारी करने लगे हैं और लेख भी लिखने लगे हैं। अभी हाल ही में 'अभिमूकनायक' के दीक्षा विशेषांक में दलित आत्मकथाओं पर उनका वक्तव्य-हिन्दी की दलित आत्मकथाएँ हीनता बोध की उपज लगती हैं।

वरिष्ठ दलित लेखक श्री ओमप्रकाश वाल्मीकि ने तेजसिंह के उपरोक्त वक्तव्य पर अच्छी खबर लेते हुए कहा है कि तेजसिंह की सोच पूर्वाग्रही सोच को उजागर करती है। दलित-आत्मकथाएँ मुक्ति-संघर्ष की गाथाएँ हैं। चाहे 'अपने-अपने पिंजरे' हों या 'दोहरा अभिशाप'। ओमप्रकाश वाल्मीकि ने अपनी बात को आगे बढ़ाते हुए फिर कहा है कि जहाँ तक उपन्यास का प्रश्न है, उपन्यास का आधार कल्पना होती है, आत्मकथा का आधार भोगा हुआ जीवन। दोनों में बहुत गहरा अन्तर है। हाँ, कुछ ज्यादा पढ़े-लिखे लोग आत्मकथाओं को भी उपन्यास कहते हैं।

'हंस' जनवरी-2001 में तेजसिंह द्वारा लिखे 'हिन्दी उपन्यास : दलित-विमर्श का पुराख्यान' में भी वह अपनी पूरी बात ठीक से रख नहीं सके। पूरा लेख पढ़ने के बाद नतीजा वही ढाक के तीन पात। इस लेख की कुछ पंक्तियाँ दृष्टव्य हैं—

ठीक जिस तरह आज सवर्णों के सामाजिक-राजनीतिक संगठन दलित-पिछड़ों को जातियों में बाँटकर अपनी राजनीति चला रहे हैं, ठीक उसी तरह साहित्य में पांडेय बेचन शर्मा 'उग्र' समग्र दलित एकता की बजाय भंगी जाति को ही संगठित करने पर जोर दे रहे थे। डॉ. भवदेव पांडेय ने 'मनुष्यानन्द से एक उदाहरण देते हुए लिखा है कि 'उग्र' ने कांग्रेस के समानांतर 'दलित पंचायत' की योजना बनाई जिसमें भंगी टोले के बूढ़े-जवान भंगी, उनकी स्त्रियाँ और बच्चे एकत्र होते थे।' इस तरह डॉ. 'उंग्र' की 'दनित पंचायत' में सिर्फ भंगी जाति के लोग ही शामिल हो रहे थे, फिर भी उसे वह दलित-चेतना कह रहे हैं। 'उग्र' जी दलित चेतना विकसित नहीं कर रहे थे बल्कि भंगियों में जाति-चेतना विकसित कर रहे थे। इसलिए 'मनुष्यानन्द को दलित-चेतना का उपन्यास नहीं माना जा सकता।' (हंस, जनवरी-2001, पृ. 31)

यदि 'मनुष्यानन्द' के लेखक ने भंगी टोले की जगह 'चमार टोले' का और उसमें उनके टोले के बूढ़े-जवान व उनकी स्त्रियों और बच्चों के एकत्र होने का विवरण दिया होता तो शायद तेजसिंह 'मनुष्यानन्द' उपन्यास को अपने लेख में उद्धृत ही न करते और हाँ, साथ ही साथ वह उसे दलित चेतना का उपन्यास तक कह डालते। लेकिन बात तो भंगी जाति की है! भंगी जाति में आयी चेतना को डॉ. तेजसिंह दलित चेतना नहीं मानते। धन्य है डॉ. तेजसिंह जी आपकी बुद्धि को! 'हसं' के इस पूरे लेख में तेजसिंह ने किसी भी दलित उपन्यास पर, चाहे वह 'छप्पर' (डॉ. जयप्रकाश कर्दम), 'मिट्टी की सौगन्ध' (प्रेम कपाड़िया), 'जस तस भई सवेर' (सत्यप्रकाश), 'मुक्तिपर्व' (मोहनदास नैमिशराय) पर एक पंक्ति लिखकर चर्चा करने की ज़रूरत तक नहीं समझी। भगवानदास मोरवाल ने अपने लेख में ठीक ही लिखा है कि हिन्दी साहित्य की तरह दलित साहित्य में वर्चस्वता को लेकर एक शीत-युद्ध छिड़ा है ताकि उसके सहारे ब्राह्मणवादी सोच के सवर्ण लेखकों की बगल में बैठा जा सके! इनके मानसिक दिवालिएपन का एक और ताजा उदाहरण–

26-27 जनवरी-2001 में दलित लेखक संघ/डॉ. अम्बेडकर स्टडी सर्कल की ओर से एक तथाकथित 'इंटरनेशनल साहित्य सम्मेलन' चंडीगढ़ में होने जा रहा है। इस दलित लेखक संघ के अध्यक्ष पद पर डॉ. तेजसिंह जी और उपाध्यक्ष पद पर श्रीमती रजनी तिलक जी विराजमान हैं। यह सच है कि इन दोनों की देख-रेख में उपरोक्त कार्यक्रम की रूप-रेखा बनाई गयी है। लेकिन हैरानी की बात है कि इस पूरे कार्यक्रम में वरिष्ठ दलित साहित्यकार ओमप्रकाश वाल्मीकि व आदरणीय माता प्रसाद जी का कहीं नाम नहीं है। ओमप्रकाश वाल्मीकि ने जब से 'शवयात्रा' कहानी लिखी है तब से दिल्ली के कुछ विशेष वर्ग के दलित साहित्यकार (जाटवों) की वह आँखों की किरकिरी बन गये हैं। 'इडिया टुडे' (जुलाई 1998) में इस कहानी के प्रकाशित होने के बाद उन्हें तीखी आलोचनाओं का सामना करना पड़ा था। यह

तो मैं ही जानता हूँ कि दिल्ली के तथाकथित दलित-साहित्यकारों ने क्या कुछ नहीं कहा था ओमप्रकाश वाल्मीकि के विषय में। भगवानदास मोरवाल ने अपने लेख में साफ लिखा है कि ऐसे ही कुछ दलित साहित्यकारों ने हार कर यह कहना शुरू कर दिया कि ओमप्रकाश वाल्मीकि ने 'शवयात्रा' जैसी कहानी लिखवाने में ब्राह्मणवादियों का षड्यन्त्र है, जो दलितों को एकजुट होते हुए नहीं देख पा रहे हैं। अब इस तरह के लोग यह लेख प्रकाशित होने के बाद मेरे ऊपर भी इस तरह के आरोप लगाने शुरू कर देंगे कि मैं किसी अन्य के कहने में आकर लिख रहा हूँ और दलित आन्दोलन को पीछे ढकेलने में लगा हूँ। मेरी आत्मकथा का एक अंश 'आदर्श गाँव' शीर्षक से 'हंस' पत्रिका के एक अंक में प्रकाशित हुआ था। उसमें मैंने एक कोरी (जुलाहे) से एक वाल्मीकि द्वारा जूठन उठवाने का चित्रण किया है जो आज के युग में कतई उचित नहीं है। ऐसी विसंगति पर लेख प्रकाशित होने पर इनमें से कई साहित्यकारों ने आगे बढ़कर मुझे मुबारकबाद दी थी और मेरी पीठ भी थपथपाई थी। लेकिन जब मैंने 'कल के लिए' दलित विशेषांक में अपनी आत्मकथा के अंश में जाटवों द्वारा वाल्मीकियों से ऊँच-नीच व छुआछूत का जिक्र भर किया तो इन्हीं साहित्यकारों (जाटवों) ने मुझे लाल-लाल आँखों से घूरना शुरू कर दिया और मेरे ऊपर भी आरोप लगाने शुरू कर दिये कि मैं हिन्दी के दलित लेखन में जातिवाद फैला रहा हूँ। एक उदाहरण और देखें और पाठक सोचें कि दलितों में जातिवाद कौन फैला रहा है—

दिल्ली के कान्स्टीट्यूशनल क्लब के सामने बने पार्क में जुलाई-2000 में दलित लेखक संघ की बैठक थी। नये पदाधिकारियों का चयन होना था। पारिवारिक उलझनों व सेहत ठीक न रहने के कारण संघ के अध्यक्ष पद का भार मैं ठीक से उठा नहीं पा रहा था। मेरे स्थान पर डॉ. तेजसिंह का चयन हुआ। संयुक्त सचिव के पद हेतु महेन्द्र बैनीवाल के नाम की चर्चा चल पड़ी। श्री बैनीवाल ने भी घरेलू कारणों के रहते अपनी असहमति प्रकट की थी। उनके मना करने पर तुरन्त ही दलित लेखक संघ की उपाध्यक्षा बोलीं—"देखो—महेन्द्र बैनीवाल, मना मत करो, सूरज चौहान के पद पर न रहने से हमें आपको तो पदाधिकारी बनाना ही पड़ेगा।"

दलित लेखक संघ की उपाध्यक्षा के कहे शब्द उस समय मेरे कलेजे में नश्तर की तरह चुभ गये थे। महेन्द्र बैनीवाल का चेहरा भी फक्क पड़ गया था। उस समय मैं और बैनीवाल तिलमिला कर रह गये थे। उपाध्यक्षा के कहने का तात्पर्य था कि हम दोनों वाल्मीकियों में से एक को संघ में रखना जैसे उनकी मजबूरी हो। वहाँ बैठक में बैठे सभी की नज़रों में महेन्द्र बैनीवाल एक दलित साहित्यकार या दिल्ली के कॉलेज के लैक्चरर नहीं बल्कि वाल्मीकि (भंगी) नज़र आ रहे थे। अपने आपको दलित साहित्यकार होने का ढिंढोरा पीटने वाले वहाँ बैठे सभी के सभी उपाध्यक्ष

की बात सुनकर चुप्पी साध कर रह गये। किसी ने भी उनकी इस बात का विरोध तक नहीं किया था।

हिन्दी के इस तरह के दलित साहित्यकार आपस में बैठकर लम्बी-लम्बी चर्चाएँ और बड़ी-बड़ी बातें अवश्य करें, लेकिन अभी भी सोच संकुचित ही है। क्या बाबा साहेब अम्बेडकर का बताया गया यही मार्ग है? क्या दलित चेतना का अर्थ यही है? फिर दलित साहित्य पर आक्रोश में उबलते सवर्णों को हम क्या कहें? यदि यही चेतना है तो बहुत दुःखदायी है। मेरी समझ में एक बात नहीं आ रही कि आज फिर क्यों बाबा साहेब के नाम के बैनर के नीचे तरह-तरह की संस्थाएँ बनाकर एकता का ढिंढोरा पीटा जा रहा है? क्यों गला फाड़-फाड़ कर चिल्लाया जा रहा है कि हम देश के सभी दलित एक हैं। ऐसे दलित साहित्यकारों की मानसिकता को ठीक करने के लिए गुजराती दलित कवि नीरव पटेल की कविता 'माँ! मैं भला कि मेरा भाई' की कुछ पंक्तियाँ यहाँ प्रस्तुत कर रहा हूँ—

'तुम्हारी चमर कौं-कौं से
तो मैं तंग आ गयी
तुमने तो राग बिना ही
नौटंकी कर रखी है
तुम्हारे बाबा (डॉ. अम्बेडकर)
क्या गये
तुमने मेरा घर
पतुरिया की सराय बना दिया
....
....
....
इतनी जल्दी भूल गये
'बाबा' की बात
तुम सयाने हो
तो अपने अनपढ़ भाई
का ख्याल रखो
तुम बड़े हो
तो थोड़ा बड़प्पन दिखाओ
तुम तगड़े हो तो दुबले को
थोड़ा ज्यादा दो
सब हिल-मिल कर रहो

भेड़िये तो ताक में हैं
तुम्हें दोबारा जंगल में
खदेड़ देंगे
तुम दर-दर भटकोगे
और
तबाह हो जाओगे
अपने 'बाबा' की वसीयत
तुम फिर से पढ़ो और
आज के बाद
कभी मत पूछो
कि मैं बड़ा कि मेरा भाई।'

(युद्धरत आम आदमी, अंक-53,
गुजराती साहित्य में दलित कलम, पृष्ठ, 14-17)

देश को आजाद हुए पचास वर्ष से अधिक हो गये हैं और दलित लेखक बुद्धिजीवी अपने समाज की गाँठें सुलझाने में कोई रुचि नहीं दिखा रहे। सभी अपने-अपने स्वार्थों को पूरा करने में मग्न दिखाई दे रहें हैं। अधिकतर, सवर्णों की तरह ही ऊँच-नीच की खाई को चौड़ा करने में लगे हैं। जात-पात के विरोध में बोलते अवश्य हैं, लेकिन भीतर तक उसी व्यवस्था को अपनाये हुए हैं

ओमप्रकाश वाल्मीकि की कहानी 'शवयात्रा' को चमार-विरोधी कहानी करार देने के पीछे यही जात-पात और श्रेठताभाव का अहम् है, जिससे दलित भी अछूते नहीं हैं और दलित चेतना सिर्फ एक नारा भर बनकर रह जाती है।

जिस दिन देश के सभी दलित सांस्कृतिक क्रान्ति करके एक मंच पर आ जायेंगे, उसी दिन आपसी दूरियाँ समाप्त हो जायेंगी। लेकिन इस कार्य को साकार करने के लिए बाबा साहेब डॉ. अम्बेडकरके विचारों को लेकर पूरे मनोयोग से युद्ध-स्तर पर अभियान चलाना होगा।

आवश्यकता इस बात की है कि देश के सभी दलित साहित्यकार समाज को एक सूत्र में बाँधने का काम करें न कि तोड़ने का, जैसा कि देखने में आ रहा है कि कुछ लोग दलित साहित्य में रातों-रात छा जाने के चक्कर में अपने-अपने लेखन द्वारा या उल्टे-सीधे वक्तव्यों द्वारा सामाजिक बिखराव की भावना को प्रबल करने में लगे हैं जो कि आगे जाकर सामाजिक उत्थान की दिशा को पीछे की ओर धक्का लगाने में सहायक हो सकता है।

—'वर्तमान साहित्य', फरवरी 2001

प्रेमचन्द प्रेरणास्रोत हैं, आदर्श नहीं

प्रेमचन्द की कहानी 'कफ़न' पढ़ने के बाद लगता है कि सवर्ण समाज के लोग कृपालु और महान हैं, संवेदनशील हैं और वहीं शूद्र लोग अवगुणों से भरे पड़े हैं और संवेदनहीन हैं। इस कहानी के दो प्रमुख दलित पात्र माधव और घीसू को इतना संवेदनहीन दिखाया गया है कि वे दोनों उधार लिए पैसों से फ़न' न लाकर उन पैसों की दारू पी जाते हैं। यह कहानी दलितों के चरित्र हनन की कहानी है। प्रेमचन्द दलितों की व्यथा-कथा तो कहते हैं लेकिन उनके पात्र प्रायः दुखड़ा ही रोते नज़र आते हैं। उनके दलित पात्र महात्मा गाँधी के सविनय अवज्ञा से प्रेरित हैं। सविनय अवज्ञा में व्यक्ति अन्याय और हिंसा का प्रतिकार उसे सहकर करता है, वह मार भी चुपचाप खा लेता है।

प्रेमचन्द की कहानियों में दलितों का अपमान और हीनता बोध के अलावा कुछ नहीं है। यहाँ दलित पात्रों में सम्मान स्वावलम्बन व स्वाभिमान से जीने की बात दूर-दूर तक नज़र नहीं आती। इन सबका महत्त्वपूर्ण कारण है। लेखक की सवर्ण मानसिकता। दलित-विषयक उनकी कहानिगों को राहानुभूति के खाते में डालना ही उचित रहेगा। वर्तमान दलित लेखन का उत्स उनकी रचनाओं में कतई नहीं मिलता। हाँ, प्रेरणास्रोत तो हो सकते हैं प्रेमचन्द, लेकिन आदर्श नहीं। हिन्दी कथा साहित्य में प्रेमचन्द आज भले ही प्रासंगिक हों लेकिन हिन्दी दलित कथा लेखन में वह प्रासंगिक नज़र नहीं आते। आज के हिन्दी दलित कथाकारों की कहानियाँ दलित समाज पर होने वाले अत्याचार, उनके विरुद्ध सुनियोजित षड्यन्त्र और दृढ़ता से इन सभी का सामना करने, अपनी अस्मिता को बचाने के लिए मरने-मारने जैसे विषयों की अभिव्यक्ति करने में सफल रही हैं।

आखिर दलित साहित्यकारों को मुंशी प्रेमचन्द के लेखन का भय कब तक दिखाया जाता रहेगा। सवर्ण रचनाकारों के तथाकथित सुंदर और सवर्ण गाँव पर केन्द्रित कहानियाँ भले नहीं लिखी जा रही हों लेकिन दलित कथाकारों की गाँव की सच्ची तस्वीर खींचती कहानियाँ अवश्य आ रही हैं। दलितों के लिए आज भी गाँव यातना शिविर हैं। दलित साहित्यकारों ने बहुत बारीकी से इसका चित्र

खींचा है। लेकिन हिन्दी के आलोचक जानबूझकर ऐसी रचनाओं को नज़रअन्दाज करते हैं। मुंशी प्रेमचन्द ने जो परम्परा हिन्दी कथा साहित्य में शुरू की थी, उनके अनुयायी उसे बहुत दूर तक खींच लाये हैं। लेकिन अधिकांश रचनाओं में दुहराव नज़र आता है।

—'राष्ट्रीय सहारा' (रविवार, 5 अगस्त, 2001)

भाषण उनके लिए, राशन अपने लिए

जिस आन्दोलन की नींव अपने आपको चर्चा में बनाये रखने और निजी स्वार्थों पर टिकी हो, उस आन्दोलन का पतन शीघ्र होना लगभग तय है। कितनी हैरानी की बात है कि हिन्दी क्षेत्र के अधिकार दलित साहित्यकार भंगी और चमार लेखकों द्वारा किये लेखन को ही दलित साहित्य मानकर बैठे हुए हैं, इस समाज के अन्य वर्गों से उभरे लेखकों को ये नजदीक तक नहीं आने देते। उनके ऊपर तरह-तरह के आरोप लगाकर उन्हें आन्दोलन में अपने साथ रखने की बात तक नहीं करते। उन्हें दुरदुराते हुए उनकी उपेक्षा करते रहे हैं। यदि इनके अलावा किसी अन्य ने इनसे या दलित साहित्य आन्दोलन से जुड़ने की कोशिश की तो उसके ऊपर तरह-तरह के आरोप लगाकर उसे दूर ही रखा है, इस बात का सबसे अच्छा उदाहरण 'काला पहाड़' उपन्यास के लेखक भगवानदास मोरवाल हमारे सम्मुख हैं।

5 फरवरी, 2002 के दिन भगबानदारा मोरवाल ने अपने उपन्यास की एक प्रति मेरे घर पर ठहरे हुए एक दलित साहित्यकार को भेंटस्वरूप प्रदान की थी। उस साहित्यकार ने मेरे और दो-तीन साहित्यकारों के सम्मुख कहा था, "मोरवाल जी, मैं आपकी पुस्तक पर लिखूँगा भी।" मोरवाल ही क्या, अन्य और किसी लेखक को भी वरिष्ठ दलित लेखक की ओर से ऐसी बात कही जाये तो खुशी तो होगी ही। उस साहित्यकार के मेरे घर से जाने के बाद मोरवाल मुझसे फोन पर इस बाबत बार-बार पूछते रहे।

अभी दो माह पहले वह साहित्यकार अपने व्यक्तिगत कार्य हेतु दिल्ली आये हुए थे। मैंने सहज रूप से उनसे पूछा, "आप मोरवाल की पुस्तक पर कुछ लिखने वाले थे, क्या हुआ?" "अरे छोड़ो यार, क्या लिखूँ उस किताब पर..., बिना बात के दलित साहित्यकार बनने चला है मोरवाल, दलित साहित्य के नाम पर कुछ भी तो नहीं है उसकी किताब में।" मैं उस दलित साहित्यकार की बातें सुनकर भौचक होकर रह गया था। ऐसा बहरूपियापन! अरे भई, नहीं लिखना तो सीधा-सीधा कहो—नहीं लिख सकोगे। किसी को धोखे में रखना बहुत बुरी बात है। यहाँ ध्यान देने वाली बात है कि एक वरिष्ठ दलित साहित्यकार की ऐसी हरकत से एक प्रतिभाशाली

लेखक दलित साहित्य आन्दोलन से जुड़ते-जुड़ते रह गया। एक मोरवाल ही नहीं न जाने ऐसे कितने दलित युवा लेखक ऐसे दलित मठाधीशों से परेशान होकर दलित आन्दोलन से जुड़ नहीं पा रहे। दो-तीन नाम अब भी मुझे याद आ रहे हैं जिनमें रत्नकुमार साँभरिया, मुकेश मानस, डॉ. सन्तराम आर्य प्रमुख हैं।

दलित लेखकों की ऊँच-नीच की भावना व छुआछूत को लेकर भगवानदास मोरवाल ने 'वर्तमान साहित्य, जनवरी-2001 अंक में अपने एक लेख 'दलित विमर्श के अन्तर्विरोध' में चर्चा चलाने का प्रयास किया था। लेकिन जिनके माथे की पहले से ही फूटी हों, वे भला इस समस्या पर क्यों चर्चा करना चाहेंगे? 'वर्तमान-साहित्य' फरवरी-2001 अंक में मैंने इस चर्चा को आगे बढ़ाने की कोशिश की तो मेरे ऊपर दिल्ली और दिल्ली से बाहर के दलित मठाधीशों ने आरोप लगाने शुरू कर दिये कि मैं दलित लेखन में जातिवाद फैला रहा हूँ। एक ने तो चिढ़कर मेरे ऊपर व्यक्तिगत आरोप लगाने शुरू कर दिये और मेरे समूचे लेखन को ही फूहड़ कहना शुरू कर दिया।

हिन्दी के दलित लेखकों में आपस में ही इतना जहर, दुर्भावना व अकड़ भरी पड़ी है कि बस पूछो मत। अभी फरवरी-2003 दिल्ली में एक कार्यक्रम में एक दलित लेखक से भेंट हुई। मिलते ही एहसान जताते हुए बोले, "देखो चौहान, मैंने अपने एक लेख में आपकी आत्मकथा की चर्चा की है।" मुझे उनकी बातें सुनकर हँसी आ रही थी। जैसे अपने लेख में मेरी पुस्तक का नाम भर लिख देने से उन्होंने मेरे ऊपर बहुत बड़ा उपकार किया हो। वैसे यह महोदय अपने दिनांक 21-2-2002 के पत्र में मुझे साफ-साफ लिख चुके थे, "...कौन घटना साहित्य बनती है और कौन नहीं, यह आपको अभी समझने की ज़रूरत है, सच यह है कि आपकी आत्मकथा कदाचित कोई स्थान नहीं बनायेगी।"

हिन्दी के कई दलित लेखक दिन-रात छुआछूत और ऊँच-नीच के विरोध में लिखते और बोलते हैं, लेकिन आकंठ जातिवाद में सराबोर हैं, शोषण के विरोध में खूब लिखते और बोलते हैं, लेकिन अवसर पाते ही दूसरे का शोषण करने से तनिक भी नहीं हिचकते। सुविधाएँ ढूँढ़ते फिरते हैं। जहाँ अच्छी और बढ़िया सुविधाएँ हुईं, बस वहीं अड्डा जमा दिया। जब तक पहले शोषित व्यक्ति की आँखें खुलती हैं तब तक कोई दूसरा ठिकाना ढूँढ़ लेते हैं। और तो और हजार-हजार, दो-दो हजार के लालच में गैर-दलित लेखकों, बुद्धिजीवियों के सम्मुख अपने ही दलित लेखकों का उपहास करने से नहीं चूकते। ये दलित लेखक पीठ पीछे गैर-दलित लेखकों के विरोध में खूब बोलते हैं, लेकिन उनके सम्मुख उनका हुक्का भरने और ठकुरसुहाती करने में तनिक भी पीछे नहीं रहते। इनमें से कुछ तो हर समय चर्चा में बने रहना चाहते हैं। इसके लिए आपस में ताल-मेल बैठाकर तरह-तरह के शगूफे छोड़ना इनकी आदत बन गयी है। इनमें से कइयों को अपना लिखा ही अच्छा लगता है।

दूसरे दलित साहित्यकार का कुछ भी लिखा इनको फूटी आँख नहीं सुहाता। वैसे आज भी दलित समाज के वाल्मीकि वर्ग में 'कफ़न' कहानी से भी बदतर हालात हैं, लेकिन 'कफ़न' कहानी पर आज भी ये नाक-भौंह सिकोड़ने से बाज नहीं आते। जिसे विश्वास नहीं है, वह मेरे साथ मेरे गाँव चलकर देख ले।

अभी पिछले वर्ष दिल्ली की ही बात है। 29 अप्रैल, 2002 के दिन इस लेख के लेखक की मौसी का दिलशाद गार्डन में देहान्त हुआ था। श्मशान-घाट में एक ओर चिता जल रही थी, वहीं दूसरी ओर श्मशान-घाट के गेट के बाहर परिवार के सदस्य व नाते-रिश्तेदार दारू के घूँट गले के नीचे उतारने में लगे हुए थे। लेखक ने जब इस बात का विरोध किया तो परिवार के सदस्यों ने लताड़ते हुए कहा था, "अरे तू तो पढ़ लिखकर घनो (बड़ो) अफसर बन गयौ, समाज के रीतिरिवाज ही भूल गयौ।" श्मशान-घाट के पंडित द्वारा विरोध जताने पर ही नाते-रिश्तेदार गेट के बाहर दारू पीने के लिए सहमत हुए थे वरना उन सबका इरादा जलती चिता के समीप ही पीने का था।

अन्त में मैं इन दलित साहित्यकारों के बारे में एक बात और कहना चाहूँगा। गैर-दलित लेखकों की तरह इनमें भी वरिष्ठ व कनिष्ठ होने की भावना बड़ी तेजी से पनप रही है। गुरु-शिष्य परम्परा को बहुत तेजी से विकसित करने में जुटे हुए हैं ये। कई वरिष्ठ लेखक, युवा और नये लेखकों से बात तक करना पसन्द नहीं करते। अभी दिल्ली में ही बाहर से आये एक दलित लेखक (महन्त) से एक युवा रचनाकार को यह सब झेलना पड़ा। दूसरे दिन उस युवा लेखक का मेरे पास फोन आया। उसने रोष प्रकट करते हुए बड़े भारी मन से उस महन्त के बारे में मुझसे कहा, "सूरज जी, आप बुरा न मानें, इस महन्त को आप ढोना बन्द करें, यह अच्छा आदमी कतई नहीं है।" मुझे जब उस युवा से पूरी और सच्ची बात ज्ञात हुई तो मुझे भारी दुःख हुआ। लेखन के माध्यम से बड़ी-बड़ी और ऊँची बातें करने वाले जब अपने युवाओं से ही सीधे मुँह बात नहीं करेंगे और उन्हें अपनापन नहीं देंगे तो युवा पीढ़ी उनसे क्या सीख सकेगी?

—'कथा देश', जुलाई 2002

आज की कहानी वही है जो हमारे समय के ज़रूरी सवालों को उठाये

सूरजपाल ने कहानी 'अहल्या' में प्रामाणिकता और पूरी संवेदना के साथ अभिव्यक्ति दी है। यह विचार युवा कथाकार सूरजपाल को रमाकान्त स्मृति कहानी पुरस्कार प्रदान करते हुए वरिष्ठ कथाकार और समारोह के मुख्य अतिथि शेखर जोशी ने व्यक्त किये, उन्होंने कहा—इसकी शक्ति यथार्थवाद है। आज आरक्षण का लाभ क्रीमी लेयर को ही मिल पा रहा है। अपना समाज भी जैसे संवेदनहीन हो गया है। आत्मकेंद्रित समाज में जैसा विकास होना चाहिए वैसा नहीं हो पा रहा है। राजेन्द्र यादव की जगह कोई और सम्पादक होता तो वह उस लड़की से अन्त में विद्रोह करवा देता। यह बात अनजाने ही कहानी में मुखरित हो गयी है।

रमाकान्त जी के सहयात्री रचनाकार गिरीश चन्द्र श्रीवास्तव ने आत्मीय संस्मरण सुनाये और कहा कि स्मृतिशेष लेखक ने उन्हें न सिर्फ संस्कार दिये बल्कि बेहतर लिखने के लिए भी प्रेरित किया।

मैंने कहा—आज सही आलोचना नहीं हो पा रही है। रमाकान्त जी जिस सांस्कृतिक चेतना के विकास की बात करते थे, वह उनकी रचनाओं में भी मौजूद है, रमाकांत जी का मूल्यांकन आलोचकों के लिए एक चुनौती है।

निर्णायक और वरिष्ठ आलोचक डॉ. विश्वनाथ त्रिपाठी का कहना था—सूरजपाल की यह कहानी दलित वर्ग की नयी पीढ़ी के अन्तर्द्वन्द्व को सामने रखती है। बदबू आना हमारे विकास का प्रमाण है। यह ऐतिहासिक बदबू है। नयी दिल्ली स्थित गाँधी शान्ति प्रतिठान में 'हंस' के सम्पादक और वरिष्ठ कथाकार राजेन्द्र यादव की अध्यक्षता में आयोजित समारोह में राजधानी और बाहर से आये अनेक सुपरिचित लेखक और साहित्यकर्मी मौजूद थे। श्री यादव ने कहा—धीरे-धीरे यह आयोजन महत्त्वपूर्ण होता जा रहा है। सुसंस्कृत अभिरुचि को आघात लगाने वाली कहानी चुनने के लिए, पता नहीं इतिहास त्रिपाठी जी को माफ करेगा या नहीं। दलित विमर्श के वे सारे मुद्दे इस कहानी में मौजूद हैं जो इस समय प्रचलित हैं।

प्रारभ में संयोजक महेश दर्पण ने पुरस्कार योजना के बारे में प्रकाश डालते हुए रमाकान्त जी की प्रासंगिकता पर चर्चा की और कहा कि उनके जैसे लेखक आज की नयी पीढ़ी के लिए प्रेरणास्रोत हैं।

पुरस्कृत लेखक सूरजपाल चौहान ने कहा—इस कहानी के प्रकाशन के बाद मेरे पास कई पत्र ऐसे आये जिनमें कहा गया था कि यह कहानी गढ़ी हुई है। जिन्होंने उस जीवन को भोगा ही नहीं, उन्हें तो यह गढ़ी हुई लगेगी ही। दरअसल यह सच्ची कहानी है। मैं यह ज़रूर कहूँगा कि जब मैंने देखा कि लेखन के क्षेत्र में भी जातिवाद है, तो मुझे झटका सा लगा।

इस समारोह की उपलब्धि रहा युवा समीक्षक और कथाकार संज्ञा उपाध्याय का समीक्षात्मक आलेख। इसमें उन्होंने इधर की कहानी पर गम्भीरता से विचार किया।

—'कथादेश', जनवरी 2004

विभक्त नैतिकता क्यों

नैतिकता एक गतिशील अवधारणा है। समय और समाज के अनुरूप इसके अर्थ, सन्दर्भ और अभिप्राय बदलते रहते हैं। अपनी व्यापकता और गतिशीलता के विरुद्ध इसका अर्थ संकोच जैसा भारतीय समाज, साहित्य दर्शन में हुआ है वैसा कहीं और देखने को मुश्किल से मिलता है।

भारतीय समाज जातीय समाज है। जाति-व्यवस्था नैतिकता की तरह गतिशील नहीं है। वह रूढ़ और जन्म आधारित है। जन्म आधारित होने के कारण इसमें एक व्यक्ति की पहचान उसकी जाति से होती है जिसमें वह जन्मा है। वास्तव में इसके चलते समाजों की नैतिकता का स्वरूप भी दूसरों से कुछ अलग है। जैसा कि मैंने पहले कहा कि नैतिकता एक व्यापक और गतिशील अवधारणा है, परन्तु ब्राह्मणवादियों ने नैतिकता को यौनिकता तक सीमित करके इसका अनर्थ कर दिया है। इसके लिए वे साहित्यिक फतवे जारी करने से भी परहेज नहीं करते।

प्रसिद्ध पत्रकार, समाज विज्ञानी और सामाजिक कार्यकर्ता रामशरण जोशी की 'हंस' पत्रिका में प्रकाशित 'आत्मस्वीकृतियाँ' पढ़कर हिन्दी साहित्य जगत में हड़कम्प मच गया। क्या कुछ नहीं कहा गया उनके विरोध में। लेकिन ध्यान देने वाली बात यह है कि ये विरोध करने वाले हैं कौन? इनमें से अधिकतर वही लोग हैं जो नैतिकता की दुहाई देते फिरते हैं। पता नहीं ये कौन-सी नैतिकता की बातें करते हैं।

अभी हाल ही में एक सेंट्रल यूनिवर्सिटी में बने एक प्रोफ़ेसर साहब अपनी बेटी की उम्र की छात्रा के साथ नंग-धड़ंग नहाते हुए रंगे हाथ पकड़े गये थे। अपनी पुरानी सभी बातें भूलते हुए उन्होंने मुझसे कहा था, "चौहान यार, दलितों में तो यह सब होता रहता है। दलित समाज में यह आम बात है। जोशी तो ब्राह्मण है, उसे यह सब नहीं लिखना चाहिए था।"

वाह! क्या सोच है ब्राह्मण प्रोफ़ेसर साहब आपकी? रामशरण जोशी एक ब्राह्मण हैं, इसीलिए उनका विरोध हो रहा है, नैतिकता का यह कैसा दोहरा मापदंड है? दलित आत्मस्वीकृतियाँ और आत्मकथाओं में लेखकों के निजी यौनाचार को सराहते हुए ग़ैर-दलित कोई कोर-कसर नहीं रखते हैं। शरणकुमार लिंबाले का यह कथन

मुझे बरबस ही याद आ रहा है कि जब उनसे किसी मराठी विद्वान ने यह कहा था कि तुम्हारी माँ के साथ बलात्कार वाला दृश्य बहुत सुन्दर बन पड़ा है। यह सुनकर डॉ. लिंबाले के कान खड़े हो जाना स्वाभाविक है। क्या जोशीजी के मामले के बरक्स दलित आत्मकथाओं की प्रशंसा कोई चेतावनी देती हुई नहीं लगती है? क्या इसे किसी सम्भावित ख़तरे का सूचक मानना चाहिए? उत्तर सकारात्मक लगता है। जैसा कि मैंने पहले कहा, जन्मना ब्राह्मण होने का बोझ जोशी जी को भी उसी तरह उठाना पड़ेगा जिस तरह प्रकारान्तर से एक दलित को उठाना पड़ता है।

अब इन नैतिकतावादियों में से देखें कि इनमें से ग़ैर-दलित कितने हैं और दलित कितने? मेरे देखे से अभी तक दलितों की ओर से रामशरण जोशी के लेखन के विरोध में आवाज़ नहीं उठी है। भला उनकी ओर से विरोध में आवाज़ उठेगी भी क्यों? रामशरण जोशी ने तो नैतिकता का लबादा ओढ़े हुओं को अपने लेखन से आईना दिखाया है। हिन्दी लेखन की सच्ची तस्वीर खींचकर रख दी है जोशीजी ने। ग़ैर-दलित, बुद्धिजीवी, जो हमेशा से छद्म यथार्थवाद में जीते हैं और जो सृजन और जाति के लिए पारदर्शी विमर्श ज़रूरी नहीं समझते हैं, ने ही रामशरण जोशी की आत्मस्वीकृतियों को लेकर हुड़दंग मचाया हुआ है। इसमें भी ध्यान देने वाली बात यह है कि अपने आपको घोर वामपंथी कहने वालों की संख्या अधिक है और इसका रोचक पक्ष यह है कि इसमें अधिकतर ब्राह्मण हैं यानी लगभग 90 प्रतिशत। इनमें से दो-चार से चर्चा करने पर वे मुझसे इतना ही बोले, ''यार, समाज में क्या कुछ नहीं होता, लेकिन जोशी को यह सब लिखना नहीं चाहिए था।'' इन बहुरूपियों की बातें सुनकर मैं हतप्रभ होकर रह गया हूँ। क्या सोच है इनकी।

मैं शिक्षा के क्षेत्र से तो नहीं जुड़ा हूँ, लेकिन एक लेखक होने के नाते मैं ऐसे कई प्रवक्ताओं, सहायक प्रोफ़ेसर्स व रीडरों को जानता हूँ जो दिन-रात नैतिकता की बातें करते नहीं थकते। गर यदि उनके विषय में सच्चाई लिख दी जाये तो इनकी नैतिकता की धज्जियाँ उड़ जायेंगी। इन कतिपय प्रवक्ताओं ने कई महिलाओं को भरमाकर उनके साथ वर्षों तक अवैध सम्बन्ध रखे, फिर उन्हें त्याग दिया। कइयों ने तो उनसे सन्तान तक पैदा कर दी है। उनका घर-परिवार तक तहस-नहस करके रख दिया है। यदि इनसे यौन पीड़ित महिलाएँ 'डी एन ए टेस्ट' करवा कर दावा ठोंक दें तब क्या होगा? लेकिन अभी हमारे देश में महिलाओं में ऐसी शक्ति का विकास नहीं हो पाया है। वे ऐसा करते डरती हैं, उन्हें भी नैतिकता का भय सताता रहता है। सोचती हैं, 'सच्ची बात सामने आने पर समाज उनके बारे में क्या सोचेगा?' इसीलिए ऐसी महिलाएँ आगे भी सन्तप्त जीवन ढोने को अभिशप्त हैं। नैतिकता का यही मापदंड समाज को अन्दर से खोखला और बदबूदार बनाना चाहता है। दलित साहित्यकार इस ग़ैर-ईमानदारी के खिलाफ हैं।'

—'हंस', सितम्बर 2005

दलित विमर्श और प्रेमचन्द

गरीबों, दलितो और किसानों की पीड़ा को आवाज देने वाले आम इंसान, विशेषकर निम्न-वर्गीय समाज के शोषण, दर्द और संघर्ष को वाणी देने वाले तथा जीवन की सच्चाइयों को शब्दों में उतारने वाले कुशल रचनाकार मुंशी प्रेमचन्द ही हैं। प्रेमचन्द जी हिन्दी के प्रथम कथाकार हैं जिन्होंने सामाजिक छद्मों के विरुद्ध कहानियों का छापामार दस्ता तैयार किया है। उस जमाने में साहित्य और कला पर एक विशेष वर्ग के लोगों की पकड़ बनी हुई थी। आम जनता के लिए कला, साहित्य और पत्रकारिता बहुत दूर की चीज थी। एक तरह से ये क्षेत्र उनके लिए वर्जित थे। ऐसे द्वन्द्वात्मक माहौल में प्रेमचन्द ने हिन्दी कथा साहित्य की कमान सँभालते हुए सामाजिक छद्म के ऊपर हमला बोला था। प्रेमचन्द ने रूढ़िवाद के विरोध में तमाम कहानियाँ लिखी हैं। गैर-दलित लेखकों में सबसे पहले जात-पात, अछूत समस्या, स्त्री समस्या लेखन के द्वारा प्रेमचन्द ने ही उठाई है। उनकी रचनाएँ आज भी प्रासंगिक हैं। आज दलित साहित्यकार जो लिख रहे हैं, वे उन्हीं समस्याओं को केन्द्र में रखकर लिख रहे हैं। भारतीय समाज के मानस में सेंध लगाने का काम अपनी लेखनी से कबीर साहिब के बाद प्रेमचन्द ने ही शुरू किया था जो सदियों से लोहे और पत्थर की अभेद्य दीवार की तरह अडिग खड़ी थी।

कथा-साहित्य में आज भी सारे वाद-विवाद के बावजूद प्रेमचन्द हिन्दी दलित साहित्य के साथ खड़े ही दिखाई नहीं पड़ते बल्कि लोकप्रिय भी हैं। संवेदना के स्तर पर उन्होंने जिन मूल्यों को अभिव्यक्त किया है वे आज भी प्रासंगिक हैं। इसीलिए प्रेमचन्द आज दलित विमर्श के सबसे निकट हैं। जिस तरह से आज का दलित साहित्य जातीय कटुता और वैमनस्य के कारण अस्तित्व में आया है, उसी तरह मुंशी प्रेमचन्द जी की कहानियाँ देश में फैली छुआछूत की भावना, जातीय कटुता और वैमनस्य के कारण ही अस्तित्व में आयी थीं। प्रेमचन्द के सम्मुख भारतीय समाज को बदलने वाले आन्दोलन का चरित्र है। लेखक के रूप में वह भारतीय मानस और उसके दुःख-दर्द के साथ ही खड़े दिखाई देते हैं। 'कफ़न' कहानी सामाजिक अधोगति और अपमान की लम्बी यातना के बाद मनुष्य के अमानवीयकरण को

चित्रित करती है। जिसमें वह अपनों की वेदना के प्रति भी भाव-शून्य हो जाता है और करुण स्थितियों में भी क्षणिक सुख को हासिल करने के लिए आतुर हो उठता है। दलित लेखकों के आत्मकथात्मक और औपन्यासिक विवरणों में इस तरह के चित्र बहुत बाद में आये हैं।

प्रेमचन्द अपनी 'कफ़न' कहानी से यह दिखाना चाहते हैं कि समाज में क्रूरता और कपट के वास्तविक उत्स कहाँ हैं? घीसू और माधव पैदा करने वाली व्यवस्था कैसी और कौन-सी है? आज भी खोजने पर देश के गाँवों और शहरों में एक नहीं सैकड़ों घीसू-माधव मिल जायेंगे। बड़ी हैरानी की बात है कि कुछ दलित साहित्यकार 'कफ़न' को दलित-विरोधी कहानी माने बैठे हैं। 'श्री राजकिशोर जी ने अपने एक लेख 'घीसू-माधव और दलित आक्रोश' में इतना भर कह दिया कि फ़न' कहानी को छोड़कर कोई कहानी ऐसी नहीं मिलेगी जिसे दलित समाज के लोग अपनी कह सकें। दलित पत्रकार एवं लेखक कँवल भारती ने इस लेख को पढ़ कर गुस्से में आकर यहाँ तक कह दिया कि राजकिशोर जी के पास ज़रूर ऐसे दलित लोगों की सूची होगी जो 'कफ़न' कहानी को अपनी कहानी मानते हैं।'

राजकिशोर जी के पास 'कफ़न' कहानी को लेकर दलितों की सूची हो न हो लेकिन मैं जोर देकर कहता हूँ कि ओमप्रकाश वाल्मीकि की 'शवयात्रा' कहानी की सूची मेरे पास ज़रूर है जिसे दलित अपनी कहानी नहीं मानते। जब 'कफ़न' दलित कहानी नहीं हो सकती तो ओमप्रकाश वाल्मीकि की 'शवयात्रा' कहानी दलित कहानी कैसे मान ली जाए? उस कहानी में भी तो दलित समाज के एक वर्ग को निर्दयी व संवेदनहीन दिखाया गया है। यह दोहरा मापदण्ड क्यों? यह तो बहुत गलत बात होगी कि हम विरोध के लिए विरोध करें। प्रेमचन्द ऐसे लोगों को भी अच्छी तरह से पहचानते थे जो उस समय दलितों के प्रति भेदभाव व ऊँच-नीच की भावना पाले हुए थे। उन्होंने साफ-साफ लिखा है—'कहा जाता है कि अछूतों की आदतें गन्दी होती हैं, वे रोज स्नान नहीं करते निषिद्ध कर्म करते हैं आदि।' वह आगे लिखते हैं—'क्या जितने सछूत हैं वे रोज स्नान करते हैं, क्या कश्मीर और अल्मोडा के ब्राह्मण रोज नहाते हैं?' वह आगे फिर लिखते हैं—'इसी काशी में ऐसे ब्राह्मणों को देखा है जो जाड़ों में महीने में एक बार स्नान करते हैं, फिर भी वे पवित्र हैं। अछूत चाहे नित्य स्नान करता हो, कितना ही आचारवान हो, वह मन्दिर में नहीं जा सकता।

प्रेमचन्द की ये सभी बातें 'दलित विमर्श' के साथ आज भी खड़ी हैं। उस समय इतने तीखे शब्दों में इतना पैना व्यंग्य प्रेमचन्द के ही बस की बात थी। प्रेमचन्द के दलित सम्बधी चिन्तन पर विचार करते हुए बाबा साहेब डॉ. भीमराव अम्बेडकर को याद करना बहुत ज़रूरी है। डॉ. अम्बेडकर ने गाँधी जी द्वारा चलाये जा रहे दलितों के मन्दिर प्रवेश के अधिकार सम्बधी आन्दोलन से अपना मतभेद प्रकट करते हुए

अपना मन्तव्य प्रकट किया था कि अछूतों को मन्दिर प्रवेश की उतनी ज़रूरत नहीं है, जितनी इस बात की कि साधारण हिन्दू उनसे सज्जनता का व्यवहार करे और उन्हें अपने बराबर समझे। यहाँ कहने की आवश्यकता नहीं है कि डॉ. अम्बेडकर का मत सौ प्रतिशत उचित था और आज भी है। किन्तु इस सवाल पर भी विचार आवश्यक है कि जो उच्चवर्ण हिन्दू समाज दलित वर्गों के लोगों को अपने मन्दिरों में पूजा के लिए नहीं जाने देता वह उससे बराबरी का सम्बन्ध क्या बनायेगा? प्रेमचन्द जी ने लिखा है कि—इस बात का क्या प्रमाण होगा कि हिन्दू किसी अछूत से सज्जनता का व्यवहार कर रहा है। खाने-पीने की सम्मिलित प्रथा अभी तक हिन्दुओं में ही नहीं है, अछूतों के साथ कैसे हो सकती है? शहरों के दो-चार सौ आदमियों के अछूतों के साथ भोजन कर लेने से यह समस्या हल नहीं हो सकती। शादी ब्याह का सवाल इससे भी कम जब एक ही जाति की भिन्न-भिन्न शाखाओं में परस्पर शादी होती तो अछूतों के साथ यह सम्बन्ध कैसे हो सकता है? ऐसे ही सवाल अभी बहुत दिनों में हल होंगे, अर्थात उस समय हिन्दू जाति भेद-भाव को मिटा देगी।

'डॉ. बाबा साहेब अम्बेडकर ने सन् 1930 में मन्दिर की लड़ाई लड़ी थी जबकि प्रेमचन्द सन् 1927 में ही ये कहानी लिख चुके थे, जिसमें गरीब दलित स्त्री सुखिया बीमार बालक को लेकर मन्दिर की सीढ़ियों पर चढ़ती है। पुजारी द्वारा शोर मचाने पर सवर्णों की भीड़ उसे मारने दौड़ पड़ती है और उसका बालक उसकी गोद से नीचे गिर कर मर जाता है। प्रेमचन्द इस कहानी में न सिर्फ हिन्दुओं के पत्थरदिल को दर्शाते हैं बल्कि भगवान दीनबन्धु की छवि को भी तोड़ते हैं। प्रेमचन्द मन्दिर कहानी में दलितों के यथार्थ को रेखांकित करते हैं। दलित जिस भगवान में विश्वास करता है। वह उसकी कोई मदद नहीं करता, वह उनका है ही नहीं। वह तो सवर्णों का है।

प्रेमचन्द को दलितों की स्थिति का उचित ज्ञान था। उनकी दृष्टि में दलित भाइयों के लिए विशेष सुविधा की आवश्यकता थी। उन्होंने अपने लेख 'पावन तिथि' में साफ-साफ लिखा है कि उस समस्या तो आर्थिक हैं। यदि हम अपने हरिजन भाइयों को उठाना चाहते हैं तो हमें ऐसे साधन पैदा करने होंगे जो उन्हें उठने में मदद दें। विद्यालयों में उनके लिए वजीफे करने चाहिए, नौकरियों में उनके साथ रियायत करनी चाहिए।'

प्रेमचन्द चाहते थे कि दलितों में शिक्षा का प्रसार-प्रचार हो, जिससे वे अपने जीवन और अपने समाज के अन्धकार को दूर करके ज्ञान के प्रकाश में अर्थवत्ता को महसूस कर सकें। जब वे शिक्षित होंगे तो अपने दुःख-दर्द को वाणी दे सकेंगे और उसके विरुद्ध संघर्ष भी कर सकेंगे। प्रेमचन्द की इस धारणा पर विचार करते हुए प्रतीत होता है कि वह दूरदृष्टि रखने वाले रचनाकार थे। इन सभी बातों से स्पष्ट होता है कि मुंशी प्रेमचन्द आज दलित विमर्श के लिए कितने प्रासंगिक हैं। 'गोदान'

उपन्यास में प्रेमचन्द जी ने दलितों के साहस का जो चित्रण किया है, वह सहज रूप से ध्यान आकर्षित करते हैं। उन्होंने ब्राह्मणों के ढोंग का खूब मजाक उड़ाया है और साथ ही समाज के बदले तेवर का महत्त्वपूर्ण संकेत भी दिया है। दान के प्रसंग बाबा साहेब डॉ. भीमराव अम्बेडकर जी के आन्दोलनों की याद दिलाते हैं। इससे साफ जान पड़ता है कि धीरे-धीरे दलित समस्या के सम्बध में डॉ. अम्बेडकर साहेब विचारों को महत्त्वपूर्ण मानने लगे थे अन्यथा ऐसे क्रान्तिकारी चरित्रों और घटनाओं का सृजन उस काल में सम्भव न था। यद्यपि प्रभाव चाहे जो भी रहा हो, लेकिन सन् 1930 से सन् 1936 तक का दलितों से सम्बंधित प्रेमचन्द का लेखन वर्णाश्रम की चूलें हिलाने वाला है। नवम्बर 1932 में काशी के सनातन धर्मी नेताओं ने अछूतों के मन्दिर प्रवेश के विरुद्ध जुलूस निकाला तो प्रेमचन्द नाराज हुए थे। उन्होंने तीखे शब्दों में कहा था– जो समाज में ऊँच-नीच, पवित्र-अपवित्र के भेद को बढ़ाता है, वह पंडित होकर भी मूर्ख है।'

प्रेमचन्द ने सन् 1934 में 'दूध का दाम' कहानी लिखी। पाठकों को अन्दर तक भेदने वाली यह कहानी प्रेमचन्द जी की चेतना और कला का विलक्षण उदाहरण है। इस कहानी में अन्धविश्वास, पाखण्ड और नीचता की अति दिखाई गयी है कि अछूत का दूध तो पवित्र है, लेकिन वह स्वयं अपवित्र! आज का दलित रजनाकार भी इसी तरह की दोहरी मानसिकता का विरोधी है, जो बाहर से मार्क्सवादी, साम्यवादी है और भीतर से फासिस्टों की पक्षधर। शोषण विहीन समाज की परिकल्पना को साकार करने के लिए मार्क्सवादी विचारक 'वर्ग' के साथ 'वर्ण' को अपनी लड़ाई का लक्ष्य बनाने में ढुलमुल क्यों हैं? भारतीय समाज में वर्ण एक सच्चाई है जिसने सदियों से इस देश के जनमानस को सिर्फ टुकड़ों में ही नहीं बाँटा, उसके मानवीय सरोकारों को भी छिन्न-भिन्न किया है। भारतीय समाज इस सच्चाई से कब तक मुँह मोड़े रहेगा? यह लड़ाई किसी एक व्यक्ति की नहीं, उन तमाम लोगों की है जो मनुष्य की बेहतरी के लिए चिन्तित हैं। सहमति, असहमतियों के बाबजूद साहित्य को अपनी भूमिका पूरी ईमानदारी और जिम्मेदारी से निभानी होगी, तभी शोषण-मुक्त समाज की परिकल्पना सम्भव होगी।

पिछले दस-बारह वर्षों से हिन्दी साहित्य में दलित साहित्य ने अपनी उपस्थिति जितनी तेजी और मुखरता के साथ दर्ज कराई है, वह अनायास नहीं है। हिन्दी साहित्य में दलित साहित्य की उपेक्षा वर्षों से महसूस की जा रही थी, क्योंकि भारतीय समाज की ब्राह्मणवादी व्यवस्था में दलित नायकों की उपेक्षा की तरह दलित साहित्य भी वर्षों तक ब्राह्मणवादी सोच के चलते हिन्दी साहित्य की धारा से कटा रहा। हिन्दी साहित्य में भारतीय समाज के इस सबसे बड़े और सबसे तिरस्कृत समाज के नायकों का उल्लेख एक सोची-समझी साजिश के तहत नकारा जाता रहा। प्रेमचन्द

के बाद दलितों के आहत अन्तर्मन को गम्भीरता से बाँचने की कोशिश कभी किसी गैर-दलित रचनाकार ने की ही नहीं और आज जब दलितों ने स्वयं अपनी पीड़ा को अभिव्यक्त करने का प्रयास किया है तो उसी वर्चस्ववादी वर्ग में आकुलता और बेचैनी साफ देखी जा रही है। खूब जोरों से हो-हल्ला मचाने में लगे हैं कि गैर-दलित 'दलित साहित्य' क्यों नहीं लिख सकता? उनकी इस तरह की बेतुकी बातें सुनकर हँसी आती है। अरे भाई, किस दलित साहित्यकार ने रोका है तुम्हें लिखने से। आज जब दलित लिखने लगे हैं तो हाय-तौबा! क्यों नहीं लिखी तुमने आज तक कोई टीसती कहानी, कराहता उपन्यास या कविता जिसे दलित सहर्ष अपना मानते और उसे हृदय से स्वीकारते।

दलित साहित्य अस्मिता का साहित्य हैं। यह आर्थिक सम्मान के साथ-साथ आत्म-सम्मान की भी बात करता है। पहली बार मुंशी प्रेमचन्द जी ने और अब दूसरी बार दलित साहित्य ने किया है कि उसने कसौटियाँ ही बदल दी हैं। अब सौन्दर्य-शास्त्र की जगह समाज-शास्त्र प्रमुख हो गया है। दलित साहित्य को समझने के लिए समाज-शास्त्र की भूमिका बढ़ गयी है। दलित साहित्य के आदर्श कबीर और बाबा सहिब डॉ. अम्बेडकर हैं तो प्रेरणा-स्रोत मुंशी प्रेमचन्द ही हैं। परन्तु हिन्दी के कुछ दलित साहित्यकार खुद को चर्चा में बनाये रखने के लिए किसी भी स्तर पर जाने को तैयार बैठे हैं। इनमें से दो-चारों ने कई अवसरों पर और कई पत्र-पत्रिकाओं में मुंशी प्रेमचन्द जी को अपना प्रेरणा-स्रोत होने की बात कही है। वहीं दूसरी ओर ये 'कफ़न' कहानी को जानबूझकर एक रणनीति के तहत विवादास्पद व दलित विरोधी कहानी घोषित किये हुए हैं। यह कैसा दोहरा मापदण्ड है? एक तरफ प्रेमचन्द को प्रेरणा-स्रोत मानना और दूसरी ओर उनके दलित-विमर्श का विरोध! ऐसे लोग विरोध के लिए विरोध करने की बात कब छोड़ेंगे?

प्रेमचन्द एक ऐसे भारत का सपना देख रहे थे जिसमें किसी भी प्रकार की कोई गुलामी न हो, जिसमें कोई किसी जाति-धर्म अथवा लिंग के आधार पर शोषण नहीं कर सकेगा। ऐसी दूर-दृष्टि रखने वाला लेखक कभी भी मानव-विरोधी रचना नहीं लिख सकता। 'कफ़न' कहानी में मनुवादी व्यवस्था के विरुद्ध विद्रोह, आक्रोश, दलित व्यथा, सामन्ती आतंक और अत्याचार का विरोध मुखर है।

परन्तु जब कुछ दलित बन्धु प्रेमचन्द जैसे लेखक की पुस्तकों को जलाते हैं या 'कफ़न' कहानी को दलित विरोधी कहते हैं तब ग्लानि के उनके कृत्य पर हैरानी भी होती है। इस तरह हम देखें तो यह दलित परम्परा से अलग एक परम्परा दिखाई देती है। यह परम्परा मक्कारी और एहसान-फरामोशी की है। अम्बेडकरके दलितों का इस परम्परा से कोई लेना-देना नहीं है। वास्तव में दलित समाज के लोग तो अपने प्रति किये गये उपकार का बदला और बड़े उपकारों द्वारा चुकाते

हैं। कुछ सिरफिरे लेखकों की ऐसी करतूतों से दलित समाज और साहित्य का नुकसान हो रहा है। वह अपने व्यक्तिगत लाभ और यश के लिए समाज में वैर और वैमनस्य फैला कर अपनी गोटियाँ बैठा रहे हैं। प्रेमचन्द आधुनिक युग के पहले महत्त्वपूर्ण लेखक हैं जिन्होंने दलित समस्या पर सर्वाधिक गहराई से विचार किया है। अभी 'वर्तमान साहित्य' जुलाई 2005 (प्रेमचन्द विशेषांक) में दलित लेखक एवं चिन्तक कँवल भारती के एक लेख 'प्रेमचन्द का दलित विमर्श' पढ़ कर सुखद अनुभूति हुई है। कँवल भारती ने लगभग दस-ग्यारह साल पहले फ़न' कहानी को लेकर व्यक्त किये अपने विचारों को बदला है। अब उम्मीद की जा सकती है कि दूसरे नये व पुराने दलित लेखक प्रेमचन्द को फिर से पढ़ने की कोशिश करेंगे और अपने विवेक से काम लेंगे। किसी मठाधीश या बहुरूपिये की बातों में आकर सुर मिलाना छोड़ देंगे। मैं कँवल भारती के शब्दों को ही यहाँ उद्धृत करना चाहूँगा—

'क्या प्रेमचन्द वास्तव में दलित-विरोधी थे? दस साल पहले उनकी फ़न' कहानी को लेकर मैं इसी धारणा का हो गया था। पर जैसे-जैसे मैं उनकी अन्य कहानियाँ, उपन्यास और लेख पढ़ता गया, मैं अपनी धारणा से बाहर आने लगा। मैंने अनुभव किया कि सन् 1936 तक के काल-खण्ड में प्रेमचन्द अकेले लेखक हैं, जिनसे साहित्य में दलित विमर्श की शुरुआत होती है।'

प्रेमचन्द जी के साहित्य में पूरा समाज उनकी विषय-वस्तु रहा है। जिस तरह से दलित साहित्य मानवतावादी साहित्य है, उसी तरह से हम देखें तो प्रेमचन्द जी का साहित्य भी मानवतावादी साहित्य है। जिस समय वह अपना लेखन कार्य कर रहे थे, उस रचनाकाल पर ध्यान रख कर सोचें कि उस समय दलित समाज के लोगों की समाज में क्या हालत रही होगी! ऐसे समय में उनके द्वारा लिखे लेखन को शिकायती साहित्य कहना बेमानी होगा। उस जमाने में उनका लेखन विद्रोह और सामाजिक क्रान्ति का अगुवा रहा है, इसीलिए सामाजिक परिवर्तन पर जोर देता हैं। वर्ग-विहीन और जाति-विहीन समाज की स्थापना उनके लेखन का मुख्य उद्देश्य रहा है। 'कफ़न' कहानी को दलित-विरोधी कहानी कह कर या 'रंगभूमि' जलाकर यह कैसी कुण्ठा निकालने का माध्यम है? निश्चित रूप से किसी भी कला और साहित्य का विध्वंस या दहन एक अलोकतान्त्रिक और फासीवादी तरीका है। आप किसी भी प्रकार की कला, वैचारिकी, साहित्य या संस्कृति के मूल्यों से सहमत और असहमत हो सकते हैं। उसका स्वीकार या अस्वीकार होना एक बात है, लेकिन उसे समूचा नष्ट करना बर्बर, अमानवीय और अतार्किक कृत्य हैं। वैचारिक असहमति का जवाब वैचारिक प्रतिपक्ष का स्थापन होना चाहिए, यही एक सृजनात्मक और वस्तुगत नजरिये को दिखाता है। विरोध दर्ज कराने के अनेक तरीके हो सकते हैं। इसलिए 'रंगभूमि' दहन रूपी फासीवादी, अलोकतान्त्रिक और बर्बर कृत्य निन्दनीय की ही श्रेणी में आयेगा।

हम सब वाकिफ हैं कि भारतीय समाज एक जातीय समाज है। क्या आज से पचास-पचपन साल पहले लोगों के साथ अनेक जातीय उपनाम प्रयोग में नहीं लाये जाते थे? क्या आज भी हमारे जाति-प्रमाण पत्रों में हमारी जातियाँ नहीं लिखी गयी हैं? तब हम प्रेमचन्द जैसे महान साहित्यकार पर कैसे दोषारोपण कर सकते हैं? उन्होंने अपने युग का सच लिखा था और यह तब की बात है, जब बाबा साहेब डॉ. अम्बेडकर ने हमारे लिए बराबरी का संविधान भी नहीं लिखा था।

प्रेमचन्द 'दलित मुक्ति आन्दोलन' में हमारे साथ हैं। चूँकि प्रेमचन्द अभी तक चली आयी साहित्य में स्थापित नायकत्व की अवधारणा में सेंध लगाते हैं, उसे अपदस्थ कर एक दलित को नायक बनाकर गद्य के केन्द्र में लाते हैं। यह उनका योगदान है और हमें उसे खुले दिल-दिमाग से स्वीकार करना चाहिए, अपने सवालों और प्रेमचन्द के अन्तर्विरोधों के साथ।

—'समकालीन भारतीय साहित्य'

पंजाबी के प्रसिद्ध साहित्यकार श्री बलबीर माधोपुरी की आत्मकथा : 'छांग्या रुक्ख' पर व्यक्त विचार

आज की सभा की अध्यक्ष महोदया डॉ. विमल थोरात, मंच पर उपस्थित साथी वक्ता प्रो. चमन लाल, प्रो. अजय तिवारी डॉ. बजरंग बिहारी तिवारी एवं सभा कक्ष में बैठे प्रबुद्ध श्रोताओ मेरा सादर नमन! साथ ही साथ पंजाबी के चर्चित लेखक आदरणीय भाई श्री बलबीर माथोपुरी को मेरी हार्दिक शुभकामनाएँ कि उनकी पंजाबी की आत्मकथा 'छांग्या रुक्ख' का हिन्दी में वाणी प्रकाशन नयी दिल्ली से अनुवाद होकर हमारे सम्मुख है और मैं आभार व्यक्त करता हूँ इस पुस्तक के अनुवादक जाने-माने कवि, कथाकार सुभाष नीरव जी का। उन्होंने पंजाबी से इस पुस्तक का हिन्दी में इतना सहज अनुवाद किया है; वाकई हम हिन्दी के पाठक हमेशा उनके आभारी रहेंगे।

अब बात हिन्दी में पंजाबी से आयी आत्मकथा 'छांग्या रुक्ख' पर। एक कथाकार और आत्मकथाकार होने के नाते मैं बड़े ही असमंजस की स्थिति में हूँ कि अपनी बात कैसे और कहाँ से शुरू करूँ! खैर, मैं अपनी बात अपने ही एक दोहे से शुरू करता हूँ–

'आदर भी मिलता नहीं, मिला नहीं सम्मान।
सिक्ख-धर्म में भी मुझे, मिला मजहबी नाम॥'

बलबीर माधोपुरी की यह आत्मकथा पढ़कर स्पष्ट हो जाता है कि पूरे देश में दलितों की एक ही जैसी हालत है। पंजाब-गुरुओं का प्रदेश..., पंज नदियों का प्रदेश ..., उफ! ऊँच-नीच, छूत-अछूत और जातिवाद में कितना जकड़ा हुआ है! पूरा पंजाब बाहर से जितना सुन्दर, साफ-सुथरे सिक्खों के गुरुद्वारे, पंगत में एक साथ बैठकर लंगर चखना, यह सब बड़े-बड़े शहरों या कसबों तक ही सीमित है। कदम-कदम पर जाति का ओछापन याद दिलाना। कितनी खोखली और घिनौनी है यह भी व्यवस्था। अधिक से अधिक गेहूँ उगाने वाला देश का यह प्रदेश जातिवाद की पैदावार करने में भी तो देश के दूसरे प्रदेशों से कहीं तो कम नहीं।

'छांग्या रुक्ख' से एक उदाहरण उद्धृत करते हुए मैं आगे अपनी बात जारी रखना चाहूँगा–

'अगर अछूतों का कोई लड़का नहा-धोकर और बाल सँवारकर घर से बाहर निकलता तो दरख्त के नीचे या चबूतरे पर बैठी जट्टों की ढाणी में से कोई एक उठकर उसके सिर में मिट्टी डाल देता। अगर वह विरोध करता तो उसकी धुनाई की जाती। इसी तरह, अछूत जाति के किसी आदमी द्वारा नये कपड़े पहन कर निकलने पर उसे मारा-पीटा जाता कि तुम लोग नकल या बराबरी करते हो। इस तरह जट्ट कम्मी लोगों के लिए हौवा थे और पता नहीं होता था कि ऐसी घटना कब और कहाँ हो जाए।'

ऐसा ही हाल देश के दूसरे प्रदेशों में भी दलितों के साथ पहले भी था और आज भी है। पुस्तक के इस प्रकरण को पढ़ने के बाद मुझे फिर एक दोहा याद हो आया है जो कि दोहाकार हरेराम समीप का है–

'क्यों रे दुखिया क्या तुझे, इतनी नहीं तमीज।
मुखिया के घर आ गया, पहने नयी कमीज॥'

दिन-रात एकता का ढिंढोरा पीटने वाले धर्म का भी जातिवाद को लेकर इतना बुरा हाल। जट्ट गुरुद्वारे अलग, रामदासिया गुरुद्वारे अगल और मज़हबी गुरुद्वारे अलग। यहाँ तक कि मजहबी सिक्खों के पग बाँधने का तरीका भी अलग।

मेरी तरह डॉ. श्यौराज सिंह 'बेचैन' को भी 'छांग्या-रुक्ख' पढ़कर पंजाब के बारे में सच्चाई जानकर मुगालता दूर हुआ है। उन्होंने इस पुस्तक के अन्त में एक परिशिष्ट लिखा है। इस पुस्तक के पृष्ठ 220 पर परिशिष्ट के अन्तर्गत वह लिखते हैं कि–'अब मेरा मुगालता खत्म हो गया। पंजाब के दलितों के बारे में मुझे कुछ अलग नहीं मिला। सिक्खों में भी समता की स्थिति नहीं हैं। वहाँ भी खत्री और जट्ट का ही वर्चस्व है। सच मैं भी 'छांग्या-रुक्ख' पढ़ने से पहले तक यही समझता रहा हूँ कि पंजाब में देश के अन्य प्रान्तों से छुआछूत की भावना कम ही है। लेकिन यह प्रदेश भी यू.पी., बिहार, राजस्थान, हरियाणा, मध्य-प्रदेश, गुजरात आदि प्रदेशों से इस मामले में कहीं तो कम नहीं।

गैर-दलित लेखक आज भी ग्रामीण जीवन के बारे में बड़े गर्व से अपनी कविताओं, गीतों, कहानियों, उपन्यासों में यथार्थ से कोसों दूर का वर्णन करने से बाज नहीं आ रहे। पंजाबी के गैर-दलित लेखकों का भी यही हाल है। ये अपने-अपने पिण्ड दी बड़ाई और गुणगान करदे नहीं थकदे। ये गैर-दलित पंजाबी के लेखक श्री बलबीर माधोपुरी के गाँव की दलित बस्ती में जाकर तो देखें। होश ठिकाने आ जायेंगे इनके। 'छांग्या-रुक्ख' पुस्तक से उद्धृत कुछ पंक्तियों पर मैं आप सभी का ध्यान दिलाना चाहूँगा–

'मैं प्रायः देखा करता, सवेरे-सवेरे झीरों का किच्छी और पाशू दोनों जट्टों-बामनों और सुनारों के घरों को पानी से भरे घड़े ले जा रहे होते। उन्होंने बाएँ कन्धे पर

घड़े या छोटी मटकी को बड़ी होशियारी से गर्दन का सहारा दिया होता। वे अपनी चढ़ती उम्र में ही किसी बूढ़े-बुजुर्ग की तरह कमर झुका कर चलते। घड़ों के भार तले तेज-तेज कदमों से चलने के कारण वे हाँफ रहे होते। मेरे मन में आता कि ईंट मारकर घड़े फोड़ दूँ ताकि मुझसे पाँच-छह बरस बड़े पाशू को बोझ से छुटकारा मिल जाए।'

दलित आत्मकथाएँ दलित सांस्कृतिक इतिहास का सबसे विश्वसनीय दस्तावेज होती हैं। बलबीर माधोपुरी की यह आत्मकथा 'छांग्या-रुक्ख' एक ऐसी ही आत्मकथा है। जातिवाद से ग्रसित पंजाब प्रदेश की कितनी प्रामाणिकता के साथ आयी है यह कृति! देखिए देश के गैर-दलितों ने हमारे और हमारे समाज के बारे में कैसी तुच्छ धारणाएँ बना रखी हैं। 'छांग्या-रुक्ख' आत्मकथा के पृष्ठ 182 पर बलबीर माधोपुरी ने भी इस ओर संकेत किया है—

'मेरे मन में विचार उठते—सोवियत संघ जैसा राजसी सरकारी प्रबन्ध हमारे देश में जल्द से जल्द हो जाए। आर्थिक समानता किसी जादू की तरह आ जाए और जाति के धब्बे समाज के रूप-स्वरूप में हमेशा-हमेशा के लिए उतर जाएँ। कोई किसी का हक न मारे और न कोई श्रमिकों, निम्न और अछूतों पर अपना दबदबा या धौंस जमाकर रखे। हमारे मुहल्ले में आकर गरजते जमींदारों की सोच और उनके विचारों में परिवर्तन जल्द आ जाए। 'घड़े की मछली', 'दाल बराबर मुर्गी' और चमारी, जहाँ देखो वहाँ...जैसी तुच्छ सामाजिक धारणाओं से पीछा छूट जाए और गरीबों-मेहनतकशों का आदर, सत्कार बढ़े।

माधोपुरी साहब, गैर-दलितों में दलितों के पीछे ऐसी तुच्छ सामाजिक धारणाएँ पंजाब में ही नहीं पूरे देश में व्याप्त हैं। जिस प्रदेश का मैं रहने वाला हूँ वहाँ भी ऐसी ही इन गैर-दलितों में तुच्छ धारणाएँ हमारी बहन-बेटियों और माँओं के प्रति हैं। इन्हें सरेआम यह कहते तनिक लाज नहीं आती कि—'बकरी का दूध और चमारी।'

प्रबुद्ध श्रोताओं और मंच पर उपस्थित वक्ताओ देश में दलित साहित्य पुरानी सड़ी-गली मान्यताओं को ध्वस्त करने में लगा है। दलित लेखकों ने युगान्तकारी मुददों पर बहस छेड़कर यथास्थितिवादियों और पाखण्ड की पोल खोलकर पूरे देश में इसे चर्चा का विषय बनाया है। देश में किसी भी दलित लेखक की पुस्तक आने पर हमारे लिए यह एक पर्व व त्यौहार के समान है। पर्व व त्यौहार के समान इसलिए कि हम दलितों को सैकड़ों वर्षों से पुस्तकों से दूर रखा गया है, इसलिए पुस्तकों का हमारे जीवन में एक विशेष महत्त्व है।

—9 अप्रैल 2008, साहित्य अकादेमी सभागार, नयी दिल्ली

घर का जोगी जोगड़ा

12 सितम्बर, 2005 के दिन दिल्ली के राजेन्द्र भवन के 'कान्फ्रेन्स रूम में दलित चिन्तक एवं लेखक डॉ. धर्मवीर की पुस्तकों के लोकार्पण का कार्यक्रम चल रहा था। वाणी प्रकाशन के इस आयोजन का संचालन डॉ. श्यौराज सिंह बेचैन कर रहे थे। पुस्तकों का लोकार्पण दलित लेखक एवं पत्रकार मोहनदास नैमिशराय ने किया था। 'कांफ्रेन्स-रूम श्रोताओं से खचाखच भरा हुआ था। दलित लेखक संघ के महासचिव सुदेश तनवर, मीडिया प्रभारी अजय नावरिया डॉ. शत्रुघ्न कुमार, सुल्तान सिंह, डॉ. विवेक कुमार, प्रसिद्ध पत्रकार अजित राय, कमल किशोर गोयनका के अलावा और कई प्रबुद्ध चिन्तक-लेखक एवं पत्रकार एकत्र थे।

इस कार्यक्रम में डॉ. धर्मवीर की पुस्तक 'प्रेमचन्द सामन्त' का मुंशी पर मैं अपने विचार रख रहा था। इस पुस्तक को पढ़ कर मुझे एक नयी बात जो पता लगी उसे जान कर मैं हतप्रभ होकर रह गया था। मैं ही क्या, अब साहित्यिक गलियारों में भी सुगबुगाहट शुरू हो गयी है। आज से दस-बारह वर्ष पहले मुझे डॉ. कमल किशोर गोयनका से ज्ञात हुआ था कि उन्होंने मुंशी प्रेमचन्द पर गहरा अध्ययन करके नयी जानकारियाँ प्राप्त की हैं। कमल किशोर गोयनका से ही पता चला कि मुंशी प्रेमचन्द इतने दीन-हीन व गरीब न थे जैसा उनके बारे में पढ़ाया या बताया जाता है। उस युग में प्रेमचन्द ने अपनी बेटी की शादी में नौ हजार रुपये नकद और बीस तोले सोना दहेज के रूप में दिया था। उस समय पत्र-पत्रिकाओं ने गोयनका जी की बात को यह कह कर टाल दिया था कि यह व्यक्ति आर.एस.एस. व बी.जे.पी. से सम्बन्ध रखता है, इसलिए इस तरह की बातें कर रहा है। गोयनका द्वारा जुटाए गये सबूतों को उस समय नज़रअन्दाज कर दिया गया था। खैर, मैं इस विवाद में पड़ना नहीं चाहता कि गोयनका जी का सम्बन्ध आर.एस.एस या बी.जे.पी. से है या नहीं। यह तो एक सिलसिला-सा चल पड़ा है कि जो सच्चाई बयान करे या लिखे, उसे तुरन्त तथाकथित वामपन्थी साम्प्रदायिकता से जोड़कर देखने लगते हैं। अभी कुछ दिनों पहले दलित लेखक एवं पत्रकार चन्द्रभान प्रसाद पर ऐसे आरोप लगाये गये थे। अब ऐसे ही आरोप दलित चिन्तक एवं लेखक डॉ. धर्मवीर पर भी लगाने

शुरू कर दिये हैं। हैरानी की बात तो यह है, कि कुछ दलित लेखक भी बिना कुछ सोचे-समझे ब्राह्मण वामपन्थियों के सुर में सुर मिलाना शुरू कर देते हैं।

पिछले एक-डेढ़ वर्ष के दौरान मुझे कई साहित्यिक कार्यक्रमों में वाराणसी जाना पड़ा है। वहाँ से मुंशी प्रेमचन्द का गाँव लमही है ही कितना दूर। मैं जब-जब बनारस गया हूँ, लमही ज़रूर गया हूँ। सच, मुंशी प्रेमचन्द की उस जमाने की बनी हवेली को देख कर नहीं लगता कि वह गरीबी की हालत में कभी रहे होंगे? मेरे गाँव व मेरी ननिहाल में इस तरह की हवेलियाँ जमींदारों की ही रही हैं जो आज भी सीना ताने खड़ी हैं।

प्रेमचन्द के बारे में उनकी एक रखैल होने की बात किसी आर.एस.एस. या बीजेपी के कार्यकर्त्ता ने नहीं की है। स्वयं प्रेमचन्द ने अपनी पत्नी शिवरानी देवी के सामने अपने अन्तिम दिनों में यह बात स्वीकार की है। इस बात को डॉ. धर्मवीर ने अपनी पुस्तक में उद्धृत कर दिया तो मानो जैसे पहाड़ टूट पड़ा हो। इस बात को ले कर जब प्रेमचन्द के अन्ध-भक्तों की कोई बन न पाई तो जैसे हमेशा से होता आया है, दलितों में फूट डालने के इरादे से गैर-दलित, दलित संगठनों के कार्यकर्त्ताओं को गुमराह करके उन्हें छोटे-छोटे प्रलोभन देकर, विश्वास में ले कर दलित लेखकों व चिन्तकों का अनादर कराने से भी ये नहीं चूके। 12 सितम्बर, 2005 के इस कार्यक्रम में भी ऐसा ही देखने को मिला।

डॉ. धर्मवीर ने कबीर के ऊपर इतना गहरा अध्ययन करके गैर-दलितों को हतप्रभ करके रख दिया है। वह अपने लेखन से कबीर को ब्राह्मणी खेमे से बाहर निकाल लाये हैं। उन्होंने ऐसे हालात पैदा कर दिये हैं कि अब कबीर को पढ़ने से पहले डॉ. धर्मवीर को पढ़ना ज़रूरी हो गया है। डॉ. धर्मवीर ने 500 वर्ष के हिन्दी साहित्य के इतिहास को बदल कर रख दिया है। गैर-दलित (नये व पुराने) उन की इसी बात से चिढ़ते रहे हैं। पूर्वाग्रहों से ग्रसित कुछ दलित महिलाओं का इस कार्यक्रम में आना बिना बात सुने या संवाद किये जूते-चप्पल चलाना कौन-सी बौद्धिकता है? ऐसे कृत्यों से साफ पता चलता है कि ये विचारों से कितनी दरिद्र हैं। ये केवल ऐसे ही काम कर सकती हैं। डॉ. विमल थोराट कोई आम महिला नहीं हैं। उन्हें स्वयं सोचना चाहिए कि वह महिला संगठनों से जुडी हैं, दलितों के कल्याण के लिए एन.जी.ओ. चलाती हैं। वह इन्दिरा गाँधी ओपन यूनीवर्सिटी में रीडर के पद पर कार्यरत हैं, और सब से बड़ी बात यह कि वह एक दलित लेखक संघ की अध्यक्षा भी हैं। संघ का अध्यक्ष बनाते हुए मोहनदास नैमिशराय ने उनके नाम का प्रस्ताव किया और मैंने अनुमोदन में अपनी सहमति दर्ज कराई थी। और, आज इस कार्यक्रम में हम दोनों के सम्मुख डॉ. विमल थोराट हाथ में चप्पल उठाये पाँच मिनट से भी अधिक देर तक उसे लहराती रहीं और एक साधारण कार्यकर्त्ता या नेता की

तरह कैमरे के सामने अपने फोटो खिंचवाती रहीं। इसी दौरान मेरे देखने में आया था कि इस झुंड में आये कुछ गैर-दलित युवक उन महिलाओं को भड़काने में लगे हुए थे तो कुछ पैरों की ठोकरों से कुर्सियों को इधर से उधर करने में लगे हुए थे। उनमें से कई लोगों के मुँह से शराब की बू का तेज भभका भी आ रहा था। जूते-चप्पल चलवाने के बाद मैंने उस गैर-दलित युवक को कहते हुए सुना भी–"चलो-चलो बस्स, अब बहुत हो गया।" ऐसा कहते हुए वह सभी दलित महिलाओं और झुंड के लोगों को हॉल से बाहर ले गया था। उसके व्यवहार से साफ पता चल रहा था कि इस तरह का उपद्रव करवाना एक प्री-प्लांड था। मैं यह सोचकर हैरान था कि यह गैर-दलित व्यक्ति दलित महिलाओं का कब से पक्षधर हो गया?

साहित्य आलोचना में डॉ. धर्मवीर के विचारों से सहमति या असहमति रखना अलग बात है। उनके नारी विषयक चिन्तन पर कहीं से भी सहमति के स्वर सुनाई नहीं पड़ते। लेकिन संवाद का यह तरीका तो उचित नहीं कि आप किसी लेखक से इस तरह का दुर्व्यवहार करें। यदि दलित वीरांगनाओं को जूते-चप्पल चलाने ही हैं तो गोहना कांड के अपराधियों पर चलाएँ जहाँ सैकड़ों दलितों को घर से बेघर कर दिया हैं, सो काहे को? वहाँ ऐसा करते नानी याद न आ जाएगी। फिर डॉ. धर्मवीर अपने दलित ही तो हैं। वह बड़े चिन्तक, लेखक या एक आई.ए.एस. अधिकारी हैं तो क्या हुआ? हैं तो दलित ही। हम अपने का आदर-सत्कार क्यों करें? हमें तो शुरू से ही दूसरों का हुक्का भरने या ठकुर-सुहाती करने की आदत है, सो हम तो वैसा ही करेंगी या करेंगे। कोई मेरा क्या कर लेगा? डॉ. धर्मवीर कौन-सी कानूनी कार्यवाही करने वाले हैं। उन्हें पता है कि उनके साथ अपनी दलित-समाज की जूते-चप्पल चलाने वाली आधुनिक दलित वीरागनाएँ हैं। वैसे भी एक कहावत है–"घर का जोगी जोगड़ा, आन गाँव का सिद्ध।"

–ताकि सनद रहे

आजादी बनाम अंकुश

पिछले हफ्ते साहित्य अकादेमी द्वारा दिल्ली में आयोजित तीन दिनों की भारतीय दलित साहित्य संगोष्ठी में जो रंग-ढंग देखने और सुनने को मिला मैं भौचक रह गया। तेईस अप्रैल को एक सत्र की अध्यक्षता गुजराती लेखक दलपत चौहान कर रहे थे। उसमें बजरंग बिहारी तिवारी अपना आलेख पढ़ रहे थे। अपनी बात रखते हुए बजरंग बिहारी धर्मवीर के स्त्री-विमर्श और दलितों द्वारा अपनी-अपनी जातियों को मजबूत बनाने की कोशिशों का हवाला दे रहे थे। उन्होंने मोहनदास नैमिशराय की पत्रिका 'बयान' का जिक्र करते हुए कहा कि उसमें दलित-स्त्री विरोधी और जाति को मजबूत करने वाले लेखकों, खासकर धर्मवीर को प्रकाशित किया जा रहा है। अपनी बात आगे बढ़ाते हुए उन्होंने कहा कि बयान पत्रिका के सम्पादक मंडल में चर्चित लेखक लक्ष्मण गायकवाड का नाम है। यहाँ तक कार्यक्रम में सब कुछ ठीक-ठाक चल रहा था।

लक्ष्मण गायकवाड मराठी दलित साहित्य में ही नहीं, पूरे दलित लेखन में एक चर्चित और प्रतिष्ठित नाम है। लेकिन यह क्या? बजरंग बिहारी के पर्चा पढ़ने के तुरन्त बाद वे श्रोताओं की अग्रिम पंक्ति के बीच से उठे और एक लठैत की तरह बिना किसी की अनुमति के मंच पर चढ़ बैठे और माइक पर बलात अधिकार जमा कर धर्मवीर को लेकर प्रलाप करने लगे। और तो और, हिन्दी दलित साहित्य के लेखक मोहनदास नैमिशराय को एक नर्सरी के बच्चे की तरह डपटते हुए उन्होंने 'बयान' पत्रिका से अपना (गायकवाड का) नाम हटाने को कहा। जबकि यह बात वे सत्र समाप्त होने पर अलग से नैमिशराय से कह सकते थे। मेरे मन में उनके प्रति जो आदर-भाव था वह पल भर में ही धूल-धूसरित हो गया।

दोपहर के भोजन के दौरान इस प्रकरण को लेकर लोगों में सुगबुगाहट थी। लक्ष्मण गायकवाड के इस कृत्य की सभी दबी जुबान से भर्त्सना कर रहे थे। अधिकतर लोगों का मत था कि उन्हें इस मंच से ऐसी बात नहीं करनी चाहिए थी। बेशक, लक्ष्मण गायकवाड साहित्य अकादेमी में मराठी दलित साहित्य के एक समन्वय सदस्य के रूप में कार्य कर रहे हैं। फिर भी उन्हें इस तरह का अभद्र व्यवहार करने की कतई छूट नहीं है।

मैं भोजन की पंक्ति में खड़ा अपनी बारी की प्रतीक्षा में था कि मेरी नज़र विमल थोराट पर पड़ी। मैंने उन्हें नमस्ते किया। उन्होंने भी मेरे नमस्ते का उत्तर दिया। वे भोजन के दौरान मेरे पास आकर रूखे अन्दाज में बोलीं, 'मुझे आपसे कुछ बात करनी है।'

'क्या बात करनी है, बोलिए।' मैंने कहा।

'आपने 'बहुरि नहीं आवना' में जो लिखा है। उसका खंडन कीजिए।

मै उनकी बात सुनकर हतप्रभ रह गया थां। उस लेख में मैंने ऐसा क्या लिख दिया? मैंने तो सच्ची घटना का वर्णन भर किया है। मेरी लेखकीय आजादी पर यह कैसा अंकुश! फिर वे किस हैसियत से मुझसे ऐसी बात कह रही हैं। दलित लेखन में उनका कितना योगदान है? ले-देकर वे दिल्ली में दलितों के चन्द लोगों के एक गुट की अध्यक्षा बनी हुई हैं।

ये बातें लिखते हुए मुझे राज वाल्मीकि के लेख 'दृष्टि बनाम चेतना' (जनसत्ता, 24 अप्रैल) की याद हो आयी। इस लेख में राज वाल्मीकि ने धर्मवीर का पक्ष लेते हुए अपनी बात रखी है। जब विमल थोराट मेरे जैसे व्यक्ति को आदेश और निर्देश देकर लेखन कराना चाहती हैं, जिनसे मेरा दूर-दूर तक कोई लेना-देना नहीं है तो राज वाल्मीकि के साथ अब न जाने क्या होगा! वे भूल गये हैं कि कहाँ और किसकी दया पर नौकरी कर रहे हैं। अब राज वाल्मीकि के साथ दो ही बातें हो सकती हैं। पहली यह कि इन्हें नौकरी से हाथ थोना पड़ सकता है, और दूसरी कि उन्हें डरा-धमकाकर धर्मवीर के विरोध में लिखने को कहा जायेगा।

मैं यह सब सोच ही रहा था कि गलियारे के एक कोने में खड़े लक्ष्मण गायकवाड रेखा व्यास को ऊँचे स्वर में कह रहे थे—'तुम्हें धर्मवीर इतना ही प्यारा है और उसका पक्ष ले रही हो तो जाओं उसके पास और उसके पैर धोकर पियो।' दरअसल रेखा व्यास ने उन्हें याद दिलाया था कि साहित्य अकादेमी के मंच से उन्हें यह सब नहीं कहना चाहिए था। अगर उन्हें धर्मवीर से शिकायत है तो लिखकर या उनसे मिलकर अपनी बात कहें। लेकिन उस समय लक्ष्मण गायकवाड ने रेखा व्यास को डपटते हुए चुप रहने को कहा। रेखा व्यास ने मेरी ओर देखते हुए कहा—'अजीब आदमी है यह।'

अब धीरे-धीरे सभी बातों से परदा उठ रहा था। इक्कीस अप्रैल को दोपहर भोजन के बाद आयोजित सत्र 'आत्मकथा में सृजनात्मक भावाभिव्यक्ति' में अजय नावरिया को आलेख पूरा पढ़ने और समय से पहले (लगभग आठ मिनट पहले) ही क्यों रोक दिया गया। प्रत्येक वक्ता के हिस्से में बीस मिनट का समय तय था। लेकिन सत्र के अध्यक्ष शरणकुमार लिंबाले ने विमल थोराट को पैंतीस से चालीस मिनट का समय बोलने के लिए क्यों दिया? मंच पर इस सत्र में दूसरे वक्ताओं में

विमल थोराट के साथ लक्ष्मण गायकवाड़ और सत्र के अध्यक्ष शरणकुमार लिंबाले यानी चार में से तीन मराठी। यह क्षेत्रवाद नहीं तो और क्या है?

इस तीन दिनों के आयोजन में मराठी दलित लेखकों की भरमार रही। बात पूरे दलित साहित्य की होनी है, लेकिन हो रही है, मात्र मराठी दलित साहित्य की। हैरानी की बात है कि आज तक अन्य भारतीय भाषाओं में लिखे दलित साहित्य को मराठी दलित साहित्य के डंडे से पीटा जा रहा है। गैर-दलित की तरह कुछ हमारे दलित बुद्धिजीवी भी यह राग अलापते नहीं थकते कि देश की अन्य भाषाओं में रचा गया दलित साहित्य मराठी दलित साहित्य की कलम है। मानो देश के अन्य क्षेत्रों में कोई दलित आन्दोलन हुआ ही नहीं है। हिन्दी दलित लेखन में न हीरा डोम हुए न स्वामी अछूतानन्द और न ललई सिंह यादव।

—जनसत्ता, दिल्ली, 12 मई 2011

दलित साहित्य : दशा एवं दिशा

(6 दिसम्बर, 2010 के दिन बनारस हिन्दू विश्वविद्यालय में एस.सी./एस.टी. प्रोग्राम आर्गनाइजिंग कमेटी बनारस हिन्दू विश्वविद्यालय के 'आर्ट्स ओडिटोरियम में आयोजित सभा में मुख्य अतिथि के रूप में आलेख...)

हिन्दी साहित्य में अनेक साहित्यकारों ने दलित संवेदनाओं उपन्यास, कहानियाँ और कविताएँ लिखी हैं, लेकिन उनमें दलितों की यातना और दुर्दशा का ही चित्रण है। संघर्ष व चेतना के स्वर हिन्दी लेखन में सुनाई ही नहीं पड़ते। कुछ अपवादों को छोड़कर हिन्दी के गैर-दलित लेखकों ने हमेशा से अपनी लेखनी दलित समाज की छवि और दलित पात्रों का चरित्र बिगाड़ने के लिए ही चलाई है। बीसवीं शताब्दी में बाबा साहेब डॉ. भीमराव अम्बेडकर, जो दलित यातनाओं के भुक्त-भोगी थे, ने महामानव गौतम बुद्ध के सिद्धान्तों को आधार मानकर पूर्ण गम्भीरता से दलित दुःखों के कारणों का पता लगाकर राष्ट्रीय ही नहीं अन्तर्राट्रीय स्तर पर इन्हें उजागर कर दिखाया। डॉ. बाबा साहेब का निष्कर्ष था—"हिन्दू-धर्म और उसके धर्म-ग्रन्थ ही दलित दुर्दशा के लिए उत्तरदायी हैं, और जब तक दलित उनमें आस्था रखते हैं, जीवित रहते मुक्ति नहीं।"

हिन्दी के गैर-दलित साहित्य में दलितों का अपमान और हीनताबोध के अलावा कुछ नहीं है। दलित चेतना की सार्थक अभिव्यक्ति दलित रचनाकारों की रचनाओं में ही देखी जा सकती है। सैकड़ों वर्षों के बाद अब मूक क्रंदन को दलित साहित्य के माध्यम से वाणी मिल रही हैं। दलित लेखन मूलतः सामाजिक आन्दोलन से जुड़ा है। सामाजिक परिवर्तन लाना अन्याय की समाप्ति करना इसका उद्देश्य है। सच कहा जाए तो हिन्दी का दलित साहित्य एक जलते हुए दीपक के समान है, जिसकी रोशनी में राह से भटका हुआ पाठक सोच-समझकर अपने गन्तव्य की ओर चल पड़ता है।

हिन्दी के दलित साहित्य में वर्ण व्यवस्था के विरूद्र आक्रोश, दलित व्यथा भोगे हुए यथार्थ सामती आतंक और अत्याचार का विरोध मुखर है। पारम्परिक साहित्य से अलग हटकर अपने वर्ग की अस्मिता को लेकर दलित वर्ग के साहित्यकारों ने

कलम उठा ली है और अपने समाज की यातनाओं और संवेदनाओं पर लिखना शुरू कर दिया है। सीधे शब्दों में कहा जाये कि पारम्परिक साहित्य के समानान्तर दलित साहित्य चल रहा है। पहले इसकी उपेक्षा हुई लेकिन अब यही मुख्य विमर्श है। अन्तर्वस्तु के अन्तर्गत दलित साहित्य ने क्रान्तिकारी परिवर्तन किये हैं। बासी साहित्य को नकार कर बहुत-कुछ नया जोड़ दिया है। विधा के स्तर पर दलित लेखन का ऐतिहासिक योगदान है। हाशिये पर पड़ी आत्मकथा विधा को दलित लेखकों ने केन्द्रीय विधा बना दिया है। कहानी, कविता, उपन्यास आदि विधाओं के शिल्प में उल्लेखनीय परिवर्तन किये हैं। हालाँकि दलित साहित्य की चिन्ता शिल्प की चिन्ता नहीं है।

वहीं दूसरी ओर देखने में आ रहा है कि हिन्दी के आलोचक दलित-साहित्य के पीछे अपने दुराग्रहों का लट्ठ लिए घूमते नज़र आ रहे हैं। इन आलोचकों को दलित साहित्य में कभी कच्चापन तो कभी नंगापन नज़र आता है। इन्हें दलित साहित्यकारों द्वारा लिखित जीवन की वास्तविकता से घिन आती है। ये मुख्य धारा के आलोचक कोई न कोई बहाना बनाकर दलित साहित्य को नकारने में लगे हुए हैं। इनके दोषारोपण से दलित साहित्य का दरिया बहने से अब रुकने वाला नहीं हैं। हिन्दी के प्रमुख कथाकार कमलेश्वर जी ने कहा है कि दलितों की दुनिया के सत्य और यथार्थ को देखना एक अनिवार्यता है। यदि इसे नहीं देखा गया तो सहित्य निर्वासित और प्रताड़ित मनुष्य के जीवन का हिस्सा नहीं रह जायेगा। दलित समाज को आज राजनीति से ज्यादा साहित्यिक सहकारिता की ज़रूरत और अपनी अस्मिता को स्थापित करके इस दुनिया को मानव-शुभ के लिए बदलने की ज़रूरत है। दलित साहित्य आज की ज़रूरत बन गया है। इस सन्दर्भ में मैं एक बात की ओर सभी का ध्यान दिलाना चाहूँगा कि सन् 1998 से पहले जितने साम्प्रदायिक दंगे होते थे, उनमें एकदम से कमी आयी हैं। इसका एकमात्र कारण रहा है दलितों में जागृति का आना और यह जागृति उनमें दलित-साहित्य से आयी है। दलित साहित्य दोहरे व तीसरे शोषण की जानकारी देता है। यह आत्म-सम्मान शोषण की जानकारी देता है। यह आत्म-सम्मान की बात करता है। यह भाईचारे एवं बराबरी की बात करता है। यह 'इंटरनेशनल-कॅनसर्न' का मामला है। यह पहली बार दलित साहित्य ने ही किया है कि उसने सौन्दर्यशास्त्रीय कसौटियाँ ही बदल दीं। अब सौन्दर्यशास्त्र की जगह समाजशास्त्र प्रमुख हो गया है। दलित साहित्य को समझने के लिए समाजशास्त्र की भूमिका बढ़ गयी है। प्रमुख कथाकार आदरणीय प्रो. काशीनाथ सिंह जी ने दलित आत्मकथाओं पर चर्चा करते हुए कहा है कि हिन्दी की दलित आत्मकथाओं ने झिंझोड़कर रख दिया है पाठकों को। यह साहित्य की दुनिया में अभिनव स्वर है जिसे न पहले देखा गया और न सुना गया। उन्होंने दलित-आत्मकथाओं पर अपनी

बात आगे बढ़ाते हुए कहा है कि दलित आत्मकथाओं ने गैर-दलितों की आँखों, नाक और कानों से उनके हाथ अलग करते हुए और उनकी आँखों में अपनी उँगलियाँ घुसेड़ कर कहा है कि जिस हिन्दू व्यवस्था के तुम नियामक हो, उसी व्यवस्था में हम भी रहते आये हैं सैकड़ों वर्षों से। इस व्यवस्था को देखो, समझो और अपने आप पर शर्म करो।

भाषा के स्तर पर दलित साहित्य ने अभिजात संस्कारों को तोड़ने का काम किया है। वर्चस्ववादी भाषा की जगह समतावादी भाषा का प्रवेश कराया है। किताबी, कृत्रिम और गढ़ी हुई भाषा की जगह रोजमर्रा की जिन्दादिल भाषा का इस्तेमाल दलित साहित्य का उज्ज्वल पक्ष है।

हिन्दी दलित साहित्य के पुराने रचनाकारों ने जिन्होंने संघर्ष करके जमीन तलाश की है और एक नयी दिशा प्रदान की है, उनमें प्रमुख रहे हैं—ओमप्रकाश वाल्मीकि, डॉ. एन. सिंह, कँवल भारती, मोहनदास नैमिशराय, डॉ. जयप्रकाश कर्दम, डॉ. सुशीला टॉकभौरे और इसी बनारस शहर के सोनकर साहब जी। इनमें से कइयों ने कविता, कहानी के साथ-साथ अपनी-अपनी आत्मकथाओं से दलित साहित्य को समृद्ध और मजबूती प्रदान की है। वहीं दूसरी ओर युवा पीढ़ी के हिन्दी दलित साहित्य के लेखक पूरी तैयारी के साथ लेखन में आ चुके हैं। इनके लेखन को देखकर लगता है कि हिन्दी दलित साहित्य का भविष्य अच्छा और उज्ज्वल है। कहानी, कविता, उपन्यास, आत्मकथा, नाटक, कथा-संस्मरण, डायरी-अंश सभी विधाओं में दलित साहित्य आ रहा है। यदि युवा लेखकों के नाम गिनाने लग जाऊँ तो कई महत्त्वपूर्ण नामों के छूट जाने का डर है। फिर भी जो याद हैं उनका नाम तो मैं ले ही सकता हूँ, जैसे सुदेश तनवर, अनीता भारतीय, रजतरानी 'मीनू', डॉ. सुमित्रा मरौल, डॉ. एम.पी. अहिरवार, डॉ. कौशल पँवार, राजेश बौद्ध, राज वाल्मीकि, डॉ. सूरज बड़त्या, सुरेश कुमार, अमित कुमार जैसे नाम प्रमुख हैं। दलित साहित्य के क्षेत्र में कई दलित पत्रिकाओं ने अपना स्थान बड़ी मजबूती के साथ बनाया है—जैसे अम्बेडकर-इन-इंडिया, दलित टुडे, तीसरा पक्ष, अपेक्षा प्रबुद्ध विहार, बुद्ध संकेत और दलित दस्तक।

अब तक दलित साहित्य के इतिहास में पाँच पड़ाव आये हैं। पहले चरण में वेदना की अभिव्यक्ति हुई, दूसरे चरण में आक्रोश की, तीसरे चरण में ब्राह्मणवादी समाज व्यवस्था का सम्पूर्ण नकार रहा, चौथे चरण में अपनी दुर्दशा की सामाजिक स्थिति का गम्भीर विशलेषण किया गया और वर्तमान चरण में अर्थात् पाँचवें चरण में नया विजन, नयी सामाजिक दृष्टि, वैकल्पिक सामाजिक संरचना की खोज अम्बेडकरवादी विचार-दर्शन के अनुसार चल रही है। यह दार्शनिक मन्थन का दौर है। दलित साहित्य भारतीय साहित्य में नयी और विशिष्ट साहित्यिक धारा है। इस धारा ने भारतीय साहित्य को फिर से समृद्ध किया है। इसका स्वरूप अखिल भारतीय

है। बल्कि यों कहना चाहिए कि जहाँ भी अन्याय है उसके प्रतिरोध से जुड़कर दलित साहित्य का दायरा पूरे विश्व का हो जाता है। दलित स्त्री के शोषण के मुद्दे को हमने अपनी प्राथमिकता में शामिल कर लिया है। सामाजिक आलोचना के साथ इन दिनों आलोचना का दौर भी चल रहा है। मुक्ति के लिए जो दूसरे आन्दोलन चल रहे हैं उनके और दलित आन्दोलन के बीच पारस्परिक सहयोग विकसित होता नज़र आ रहा है, क्योंकि सम्पूर्ण मुक्ति ही दलित साहित्य का लक्ष्य है। दलित साहित्य ने भारतीय साहित्य को नये अनुभव, नयी अनुभूति, नये शब्द, नये नायक, नयी दृष्टि और वेदना-विद्रोह का रसायन दिया है। इतना ही नहीं, इसने तो भारतीय साहित्य समीक्षा को आत्म-परीक्षण करने के लिए लगा दिया है, और पाठक समीक्षकों के मन में मूलभूत प्रश्न पैदा किये हैं। दलित साहित्य के कारण भारतीय साहित्य की समीक्षा का क्षितिज विस्तृत हुआ है और यह पाठकों की अभिरुचि बदलनें में सहायक हुआ है।

दलित साहित्य की प्रभुख विधा भी कविता ही है। इसलिए मैं अपनी बात अपनी ही एक छोटी-सी कविता से समाप्त करना चाहूँगा—

न विष्णु
न राम
न शिव, न महेश
और
न गणेश
कोई तेरी रक्षा के लिए नहीं आया।
बता—
किसने तेरी सुध ली,
उलटा—
दलित होने के नाते
निन्दा और छुआछात ही दी
इन्होंने—
तेरे पुरखों की हत्याएँ कीं।
फिर भी—
तेरी बुद्धि पर पर्दा पड़ा है।
बिना बात के
इन्हें ढोने में लगा है
दूसरे के बाप को
अपना बाप कहने में अड़ा है।
रे बावले!

यदि बाबा साहेब न होते
तो—
तू और तेरे बच्चे
गू-मूत ढो रहे होते।
जाग,
अब तो जाग,
अपने पुरखों को जान
बाबा साहेब की बात मान।
सच कहता हूँ
तेरी—
जिन्दगी सँभल जायेगी,
देखते ही देखते
बात बन जायेगी।

—प्रबुद्ध बिहार, अप्रैल-जून 2011

घुसपैठ की शक्ल

साहित्य अकादेमी की ओर से 21 से 23 अप्रैल, 2011 तक नयी दिल्ली के रवीन्द्र भवन (प्रथम तल) के सभागार में दलित साहित्य पर त्रिदिवसीय 'दलित साहित्य संगोष्ठी' में मराठी दलित लेखक लक्ष्मण गायकवाड़ के क्रिया-कलापों पर मेरी ओर से हिन्दी दैनिक जनसत्ता में एक मई, 2011 से बहस शुरू हुई हैं। इस बहस में एक बात बहुत ही अच्छी रही कि दलित साहित्य के प्रति झूठी और नकली सहानुभूति रखने वाले दलित एवं गैर-दलित बहुरूपिये लेखकों के चेहरों से नकाब उतर गये और अब उनके असली चेहरे सबके सामने आ गये हैं। बजरंग बिहारी के लेख 'फुसफुसाहट में साजिश' (जनसत्ता, 8 मई, 2011) में उन्हें मराठी दलित लेखक लक्ष्मण गायकवाड़ तो सम्मानित रचनाकार नज़र आते हैं, लेकिन वरिष्ठ हिन्दी दलित लेखक मोहनदास नैमिशराय नहीं! ठकुर सुहाती करने और हुक्का भरने की भी हद होती है। यह डॉ. बजरंग बिहारी की कैसी दृष्टि-भेद है? लक्ष्मण गायकवाड मंच पर चढ़ कर अभद्र व्यवहार करे, नैमिशराय को भरी सभा में भृकुटि तानते हुए अपशब्द कहे और धर्मवीर को हरामी कह कर सम्बोधित करे तब भी वह सम्मानित है।

सच बात तो यह है कि इस पूरे प्रकरण में या इसके पीछे द्विज लेखक बजरंग बिहारी तिवारी का ही हाथ रहा है। इससे पहले भी यह द्विज अपने नेतृत्व में 12 सितम्बर, 2005 के दिन डॉ. धर्मवीर के विरुद्ध दलित महिलाओं से जूते-चप्पल चलवा चुके हैं। बजरंग बिहारी हमेशा से इसी तिकड़म में लगे रहते हैं। यह इनकी आदत बन चुकी है। उस दिन वह धर्मवीर के प्रति दुराग्रह से रचित अपना पर्चा न पढ़ते तो लक्ष्मण गायकवाड़ अभद्रता का प्रदर्शन कतई न करते। बजरंग बिहारी तिवारी ने ही उन्हें ये सब करने के लिए सोची-समझी रणनीति के तहत उकसाया था। बजरंग बिहारी को अच्छी तरह से समझ लेना चाहिए कि उनके भड़काने से दलित लेखक थोड़े समय के लिए उनके जाल में फँस सकता है, लेकिन जब उसे ध्यान आयेगा और बजरंग जैसे लोगों की असली करतूतों का पता चलेगा तो फिर समझ लो क्या होगा? कोई पानी देने वाला भी नसीब न होगा। रही बात विमल थोराट की तो क्या बजरंग जी आप इसे उचित मानते हैं कि मैं उनके आदेशों और

दिशा निर्देश पर लेखन करूँ? हाँ, आप यही चाहते हैं क्योंकि इससे पहले आपने भी मुझसे यही कहा था कि मैं 'बहुरि नहिं आवना' में प्रकाशित अपने लिखे का खण्डन करूँ। (याद है आपको या नहीं) चलो मैं ही याद दिलाये देता हूँ। हिन्दी अकादेमी दिल्ली की ओर से 'बाबा नागार्जुन' की जन्मशती के आयोजन (त्रिवेणी सभागार) के अवसर पर आपसे भेंट हुई थी। आपकी बेटी आप के साथ थी और मेरे साथ मेरे ऑफिस के साथी बालाचन्द्रन थे। बालाचन्द्रन को आप अच्छी तरह से जानते हैं, कई बार आप उनसे मिल भी चुके हैं। कार्यक्रम के बाद आप अपनी बेटी के साथ मेरे संग सर्वोदय इंक्लेव तक आये थे। रास्ते भर बालाचन्द्रन और अपनी बेटी के सामने यही रट लगाये रहे कि मैं 'बहुरि नहिं आवना' में प्रकाशित अपने लेख 'घर का जोगी जोगड़ा' का खंडन कर दूँ। साथ ही साथ यह भी कहते रहे कि मैं धर्मवीर की सभाओं में न जाया करूँ। मेरे वहाँ जाने से दलितों में गलत सन्देश जाता है। गाड़ी से उतरते हुए आप रिरियाते हुए बोले थे–'चौहान जी, मेरी बात का बुरा मत मानना, आगे से थोड़ा ध्यान रखें।' बजरंग जी, अपनी बात कहते हुए आप अपनी बेटी के साथ घर की ओर चले गये थे। लेकिन हाँ, जाने से पहले उस दिन बजरंग जी ने एक बड़े राज की बात बताई। इस बात का खुलासा इसलिए भी ज़रूरी है कि यह बात हिन्दी के दलित साहित्य आन्दोलन को को-रिलेट करती है। सभी पाठक एवं गुणीजन जानें और समझें कि डॉ. बजरंग जैसे लोग हमारे दलित आन्दोलन को कैसे नुकसान पहुँचा रहे हैं। डॉ. बजरंग ने मुझसे कहा था, ''ओमप्रकाश वाल्मीकि जे.एन.यू. में प्रोफेसर बनकर आ रहे हैं। प्रो. कमला प्रसाद से उनके जीते जी इसके लिए सन्तुति करवा ली है, बस कुछ ही दिनों में यह काम होने वाला है..., कोई और दूसरा आये उससे पहले अपने गुट का आदमी आ जाये, रामचन्द्र तो वहाँ पहले से है ही।'' मैं सुनकर भौचक होकर रह गया था। ऐसे बहुरूपिये हमारे दलित लेखकों को लालच दे-देकर न जाने कब तक छलते रहेंगे और गुटबाजी का फायदा उठाते रहेंगे।

'जनसत्ता के मई 2011 में प्रकाशित मेरे लेख की चर्चा करते हुए बजरंग बिहारी तिवारी लिखते हैं कि मैं हिन्दीवादी उत्साह के अतिरेक में जिस 'विचार विद्रूप' का समर्थन कर रहा हूँ उस पर मुझे पुनर्विचार की ज़रूरत है। डॉ. बजरंग जी, जिसे आप 'विचार विद्रूप' का नाम दे रहे हैं, अर्थ का अनर्थ कर रहे हैं और हमारे दलित समाज के लोगों को बहकाने में लगे हैं। जाति को मजबूत करने की बात में भला क्या बुराई है? आपकी ब्राह्मण जाति पहले से ही हरेक क्षेत्र में मजबूत है। सच बात तो यह है कि आप इस बात से डर गये हैं कि अभी तो मात्र जाटव या सीधे कहें चमार जाति ही मजबूती से उभर कर आयी है और गैर-दलितों से बराबर की टक्कर ले रही है। इससे आप जैसे लोग डरे हुए हैं कि यदि दलित समाज की दूसरी जातियाँ भी मजबूत हो गयीं तो फिर क्या होगा? इसीलिए बजरंग बिहारी और उन जैसे लोग

धर्मवीर की बातों का अर्थ से अनर्थ करने में लगे हुए हैं। दलित समाज की दूसरी जातियाँ थोड़ी-सी भी मजबूती प्राप्त करती हैं तभी गैर-दलितों द्वारा उनके घरों में आग लगा दी जाती है और आप जैसे (डॉ. बजरंग) सहानुभूति के नाम पर वहाँ घड़ियाली आँसू बहाने पहुँच जाते हैं। बजरंग जी, अब आपके चेहरे से पूरी तरह से नकाब हट चुका है। आप दलित साहित्य पर काम कर रहे हैं, करते रहें क्योंकि यह आपकी रोजी-रोटी है और आपके कैरियर से जुड़ा सवाल है। आप अपना कैरियर बनाएँ। हमें उपदेश और निर्देश देना बन्द करें। आपने अपने लेख में आगे लिखा है कि लक्ष्मण गायकवाड़ ने सत्र के अध्यक्ष दलपत चव्हाण से अनुमति लेकर अपनी बात रखी थी। सरासर झूठ है। आपने छल-प्रपंच रचकर मराठी दलित लेखक को जान-बूझकर भड़काया था। मैंने पहले भी कहा है कि ऐसा सब करना या करवाना आपकी आदत बन चुका है। आप मुझे बताएँगे कि अब तक किसी दलित ने ब्राह्मण या गैर-दलित महिलाओं को उकसा कर या भड़का कर किसी ब्राह्मण बुद्धिजीवी पर जूते-चप्पल चलवाये हैं? नहीं चलवाये। ऐसे कार्य करवाने आपको ही शोभा देते हैं।

अब थोड़ी-सी चर्चा नकली अम्बेडकरवादी व देश के सभी विश्वविद्यालयों को अपनी जागीर समझने वाले रामचन्द्र और उनके लेख की भी कर ली जाये। जे. एन. यू. में इनकी नौकरी कैसे और किस की कृपा-दृष्टि से लगी है, इस बात पर में चर्चा करना नहीं चाहूँगा। अध्ययन के क्षेत्र में मेरा दूर-दूर तक दखल नहीं है, लेकिन शोध करने वाले छात्र-छात्राओं से जानकारियाँ प्राप्त होती रहती हैं। उन्हें कैसे समझाऊँ कि रामचन्द्र कैसी-कैसी तिकड़में लगा कर और गोटियाँ फिट करके जे.एन.यू. में पहुँचे हैं। मैं ही क्या पूरा देश जानता हूँ। पाठक सोचेंगे कि मैं व्यक्तिगत हो रहा हूँ, कतई नहीं हो रहा। रामचन्द्र ने अपने लेख मान और मानक (जनसत्ता, 15 मई 2011) में मेरे ऊपर सीधे व्यक्तिगत प्रहार करते हुए लिखा है कि मुझे दलित चेतना और अम्बेडकरी विचारधारा पर मनन और मन्थन करना चाहिए। वह आगे लिखते हैं कि मेरे लेख ने उन्हें बाध्य कर दिया है कि विश्वविद्यालय के पाठ्यक्रमों में शामिल मेरी रचनाओं की वैचारिकी पर पुनर्विचार किया जाए।

रामचन्द्र जी, मुझे अच्छी तरह से ज्ञात है कि आप कितने बड़े और कैसे अम्बेडकरवादी हो? आपको ज्ञात होना चाहिए कि आपके विवाह समारोह में दूसरे दलित साहित्यकारों के साथ मैं भी था। कहाँ भला? इलाहाबाद में। विवाह मंडप में महा-मानव बुद्ध या बाबा साहेब डॉ. अम्बेडकर की मूर्ति की जगह एक पैर पर खड़ी गणेश की मूर्ति घूम रही थी। हम सभी साथियों के विरोध करने पर भी विवाह मंडप से आप गणेश प्रतिमा को नहीं हटवा पाये और आप उस समय अपने ससुरालियों के सम्मुख दाँत निपोर कर रह गये थे। आपसे जब मैंने रोष प्रकट करते हुए अपनी बात कही तो आपने क्या कहा था? आपको याद है कि नहीं। नहीं है

याद। कई वर्ष हो गये न। मैं याद दिलाता हूँ। आपने मेरा हाथ दबाते हुए कहा था, "चौहान जी, क्या फर्क पड़ता है...मूर्ति तो मूर्ति है, चाहे भगवान बुद्ध की हो या गणेश की..., लड़की पढ़ी-लिखी और बड़े पद पर काम करती है।" यह है आपका अम्बेडकरवादी और बौद्ध-दर्शन वाला असली रूप। समारोह में मेरे अलावा आपके मित्रों में डॉ. बजरंग, डॉ. राजकुमार, डॉ. श्यौराज सिंह बेचैन, महेन्द्र सिंह बैनीवाल, पन्ना लाल और जे.एन.यू के कई लोग थे।

मुझे रामचन्द जैसे व्यक्ति की बुद्धि पर तरस आता है। उन्हें पता होना चाहिए कि दलित लेखक संघ दो धड़ों में बटा हुआ है। मैं उस धड़े से जिसकी अध्यक्ष विमल थोराट हैं, दिनांक 21 अगस्त, 2005 को ही परामर्श मंडल से त्याग-पत्र दे चुका हूँ। रामचन्द्र जी, आप जानकारी तो पूरी रखा करो। आधी-अधूरी जानकारी ठीक नहीं रहती, इसीलिए तो आपने अपने लेख में लिखा हैं कि 'दलेस' की सात मई की बैठक में मुझे परामर्श मंडल से निकाल दिया। दलेस की अध्यक्ष और उसके दूसरे सदस्यों ने आपको भी धोखे में रख छोड़ा। त्याग-पत्र की फोटो प्रति देखनी हो तो चले आना मेरे निवास-स्थान पर। इतने पर भी आपका स्वागत है, क्योंकि आप मेरे अपने दलित समाज के सदस्य हैं। हाँ, अब ब्राह्मण बजरंग तिवारी से मेरे कोई सम्बन्ध नहीं रहे हैं। पीछे से वार करने वाला आदमी है वह और दलितों को आपस में लड़ाने वाला भी।

—'बयान', जून 2011

पुनर्जन्म नहीं होता है—दलित चिन्तन का सही दार्शनिक आधार

हंस के सितम्बर, 2011 अंक के 'विमर्श' कालम में डॉ. धर्मवीर के लेख 'पुनर्जन्म : उत्तर ना में हैं' के द्वारा ऐसी बातों का खुलासा किया गया है जिसे पढ़ कर मस्तिष्क के तार झनझना उठते हैं। डॉ. धर्मवीर ने अपने लेखन से दलित समाज के साथ-साथ गैर-दलित समाज के बुद्धिजीवियों को भी झकझोर कर रख दिया है। हिन्दी साहित्य में उन्होंने कबीर को लेकर ऐसी स्थिति पैदा कर दी है कि अब कबीर के बारे में किसी और लेखक को पढ़ने से पहले उन्हें पढ़ना ज़रूरी हो गया है। वह कबीर को ब्राह्मणवादी खेमे से ऐसे निकाल कर लाये हैं कि गैर-दलित साहित्यकार देखते ही रह गये हैं। उनके चिन्तन ने पूरे देश में एक नयी सुगबुगाहट पैदा कर दी है। दरअसल वे अपने तर्कों से पुरानी और सड़ी-गली मान्यताओं को ध्वस्त करते नज़र आ रहे हैं। वह एक ऐसे प्रखर दलित चिन्तक एवं आलोचक हैं कि किसी की परवाह नहीं करते। उन की लेखनी मजबूती के साथ सृजन में लगी हुई है। इस लेख में उन्होंने बौद्ध दर्शन और बाबा साहेब डॉ. अम्बेडकर के चिन्तन को कठघरे में खड़ा किया है। इससे गैर-दलित साहित्यकार तो क्या कुछ तथाकथित दलित साहित्यकार व घोर अम्बेडकरवादी जिनका मकसद केवल बाबा साहेब की तस्वीर घर में लगाने भर का रह गया है या फिर जिनकी रोजी-रोटी उससे जुड़ गयी है, अवश्य ही नाराज हो जायेंगे।

हिन्दी में आलोचना कर्म की कर्मकांडीय परम्परा को ध्वस्त करने की शुरुआत डॉ. धर्मवीर ने की है। उन्होंने पहली बार आलोचना को इण्टरडिसीप्लिनरी कर्म बनने को आधार दिया है। लगभग पाँच सौ साल के भारतीय इतिहास को उन्होंने एकदम उलट कर रख दिया है। यह बिल्कुल कबीर का ढंग है। कबीर भी उलटबांसी को 'उल्टा वेद' कह कर दो हजार सालों के इतिहास को उलट देते हैं। डॉ. धर्मवीर की आलोचना का आधार 'हमारे साथ यह क्यों हुआ' से अधिक 'हम कौन हैं' पर केन्द्रित हैं। दलित साहित्य अब तक 'हमारे साथ यह हुआ तक' ही जूझ रहा

था। परन्तु डॉ. धर्मवीर धर्म और विचार की सत्ता के माध्यम से इस पूरे विमर्श को धार्मिक पहचान के विमर्श में तब्दील कर देते हैं।

यह चिन्ता का विषय है कि आजादी के 64-65 वर्षों के बाद देश का दलित समाज अब भी धर्म के नाम पर भ्रमित हैं, अन्धकार के चौराहे पर है। धर्म के नाम पर उस की आज भी कोई पहचान नहीं है। सन् 1909 में लाहौर के पंडित अमीचन्द ने भंगी समाज को वाल्मीकि की पूँछ पकड़ा कर बलात् हिन्दू घोषित कर दिया। पूरा देश जानता है कि वाल्मीकि को अपनाकर भंगी समाज को भला क्या मिला? इसी तरह से बौद्ध बनने से भी क्या लाभ हुआ? आज भी बौद्धों में आपस में रोटी-बेटी का सम्बन्ध नहीं बन पाया है। चमार बौद्ध चमारों में, जाटव बौद्ध जाटवों में और भंगी बौद्ध भंगियों में ही अपने बच्चों की शादियाँ कर रहे हैं। इनमें से अधिकतर बस नाम के ही बौद्ध या अम्बेडकरवादी हैं। यह बात सोलह आने सच हैं कि नव-बौद्ध आपस में आज भी चमार, जाटव या भंगी बन कर रह गये हैं। डॉ. धर्मवीर का यही कहना है कि आखिर हम हैं कौन? हमारा असली पुरखा कौन है?

यह एक गम्भीर मुद्दा है जिसे कतई नज़रअन्दाज नहीं किया जा सकता कि जब बाबा साहेब डॉ. अम्बेडकर का पूरा परिवार कबीरपन्थी था तो फिर वह कबीर साहेब का मार्ग छोड़ कर बुद्ध के मार्ग पर क्यों गये—क्यों उन्होंने एक गृह-त्यागी का मार्ग अपनाया जबकि देश के दलितों का मार्ग हमेशा से गृहस्थ जीवन में रह कर कर्मयोगी का रही है? स्वयं कमा कर खाने का अर्थात् आजीवक का रहा है, परजीवी तो कतई नहीं। डॉ. धर्मवीर बार-बार यही बात कर रहे हैं कि आखिर दलितों की धार्मिक और सामाजिक पहचान क्या है?

डॉ. धर्मवीर रैदास और कबीर से होते हुए मक्खलि गोसाल तक जा पहुँचे हैं। वह कबीर और रैदास की परम्परा में मक्खलि को अपने तर्कों सहित सामने रख रहे हैं। उन्होंने साबित कर दिया है कि महात्मा बौद्ध और महावीर जैन के साथ-साथ मक्खलि गोसाल की परम्परा रही है, जो सही मायनों में दलित धर्म की अवधारणा है। डॉ. धर्मवीर दो टूक कहते हैं कि हमें प्रकाश चाहिए, पुनर्जन्म और परलोक का अन्धकार नहीं। इस लेख में उन्होंने बाबा साहेब डॉ. भीमराव अम्बेडकरके चिन्तन पर निर्भीक होकर कई गम्भीर सवाल उठाये हैं। जिनमें से एक तो यही कि बाबा साहेब ने अपने अव्वल-आले गुरु कबीर पर कोई पुस्तक तो दूर एक पृष्ठ तक नहीं लिखा। अपने पूर्वजों के प्रति बाबा साहेब की ऐसी बेरुखी? उनके सामने भला ऐसी क्या मजबूरी थी? छुआछूत के खिलाफ कबीर के पास क्या नहीं है जो वे बौद्ध विहारों में भटकते रहे?

डॉ. धर्मवीर बाबा साहेब डॉ. अम्बेडकर की तरह ब्राह्मणवादी कहने की बजाय कबीर की तरह सीधे ब्राह्मण का तीखा प्रयोग अपनी आलोचना में करते हैं। वह

आलोचना के माध्यम से किसी यात्रा के करीब पहुँचते हैं? इस यात्रा का गंतव्य क्या हैं? क्या यह दलित चिन्तन का सही दार्शनिक आधार नहीं है। क्या यह रैदास की वही सोच नहीं है जिसमें सभी मनुष्य बराबर हैं और सभी के लिए संसाधन हैं? डॉ. धर्मवीर सही कहते हैं कि दलित चिन्तन का सही दार्शनिक आधार कबीर की इकतारे पर गायी वह साखी है—उत ते कोई न आया जासों पूछिए धाय।"

यह शाश्वत सत्य है और दार्शनिक बहस का मुद्दा भी कि दलित समाज का पुनर्जन्म में कतई विश्वास नहीं रहा है, लेकिन बाबा साहेब डॉ. अम्बेडकर ने अपनी पुस्तक 'द बुद्धा एण्ड हिज धम्मा' में कोई गुंजाइश नहीं छोड़ी है कि इस पुनर्जन्म के भँवर-जाल से बचा जा सके। यहीं आकर डॉ. धर्मवीर ने बाबा साहेब को बौद्धिकता और तार्किकता के क्षेत्र में पकड़ लिया है। पूरी प्रामाणिकता के साथ बाबा साहेब की लिखतों को पाठकों के सम्मुख रखा है। और इसी कारण अब दलित समाज का कुछ-कुछ अपना नज़र आने लगा हैं। डॉ. धर्मवीर के शब्दों में, "हम बाबा साहेब को बुद्ध से मुक्त कर लेंगे, वे हमें बहुत प्रिय हैं और हम उन्हें कबीर के घर में वापस ले आयेंगे।

—'बहुरि नहिं आवना', संयुक्तांक, अक्टूबर 2011, मार्च 2012

कैसी मजबूरी

प्रो. तुलसी राम के दलित लेखक संघ के अध्यक्ष बनने पर डॉ. धर्मवीर का 'दुचश्मी रागिनी' (26 जून) लेख पढ़ा। आखिर यह कैसा चुनाव था जिसमें दलित लेखकों को नज़रअन्दाज करके गैर-दलित लेखकों को चुनाव अधिकारी और पर्यवेक्षक बना कर प्रो. तुलसी राम को दलित लेखक संघ का अध्यक्ष बनाया गया?

दलित लेखकों के लिए समझने की बात है कि गैर-दलित लेखक आखिर उनमें इतनी रुचि क्यों प्रकट करने लगे हैं? कल तक दलित साहित्य का विरोध करने वाले अब...। जब दुश्मन मीठी-मीठी बातें करने लगे और झूठा स्नेह प्रकट करने लगे तो समझ लो कि वह कोई बहुत बड़ी साजिश रचने वाला है। इसका ताजा उदाहरण 23 अप्रैल, 2011 का दलित साहित्य पर दिल्ली के साहित्य अकादेमी सभागार में आयोजित कार्यक्रम का ही है। इस दलित साहित्य संगोष्ठी में एक द्विज लेखक को बुला कर दलित साहित्य के सौन्दर्यशास्त्र पर पर्चा पढ़वाया गया। लेकिन उस द्विज लेखक ने दलित सौन्दर्यशास्त्र पर पर्चा पढ़ने के बजाय दलित बुद्धिजीवी डॉ. धर्मवीर के विरोध में बोलना शुरू कर दिया। आगे से दलितों को अपने कार्यक्रमों में इन्हें बुलाने पर गम्भीरता से विचार करना चाहिए। द्विज लेखकों द्वारा प्रशंसा करने पर दलित लेखकों को फूलना नहीं चाहिए, क्योंकि ये न जाने कब अपनी विषैली कलम की नोंक से पंचर करके हवा निकाल देंगे और पता भी न चलेगा। ये शुरू से ही इस तरह का कार्य करते आये हैं।

द्विज लेखकों द्वारा राग अलापा जा रहा है कि देश की दूसरी भाषाओं में लिखा दलित साहित्य 'मराठी दलित' साहित्य की नकल है। इनकी देखादेखी कुछ दलित बुद्धिजीवी भी उनकी हाँ में हाँ मिलाने बैठ जाते हैं। यह ठीक है कि बाबा साहेब डॉ. अम्बेडकर की कर्मस्थली महाराष्ट्र रही, इसलिए वहाँ के दलितों में चेतना पहले आयी। पर इससे क्या? बाबा साहेब ने तो पूरे भारत के दलितों के उद्धार और मानव कल्याण के लिए अपना जीवन झोंक दिया था। यह एक बहुत बड़ी साजिश है कि इस तरह की अलगाववादी बातें समय-समय पर मंचों से कहते और कहलवाते

रहो जिससे देश की दूसरी भाषाओं में लिखे जा रहे दलित साहित्य की लेखनी कुन्द या भोथरी हो जाए।

सन 2005 के 'दलित लेखक संघ' के चुनाव के समय मैंने और 'दलेस' के तत्कालीन महासचिव सुदेश तनवर ने प्रो. तुलसी राम को अध्यक्ष बनने के लिए उनकी खूब मान-मनौवल करते हुए कहा था कि वे दलित लेखक संघ को दो धड़ों में बँटने से बचा लें। लेकिन उस समय उन्होंने साफ इनकार करते हुए कह दिया कि वे अध्यक्ष नहीं बन सकते, उनकी तबीयत ठीक नहीं रहती। उन्होंने उस समय यह भी कहा था कि वे विमल थोरात के साथ एक कदम भी नहीं चल सकते। आखिरकार, उस समय दलेस दो धड़ों में बँट ही गया। और अब? प्रो. तुलसी राम को आखिर कौन-सी मजबूरी आन पड़ी कि वे हरेक दूसरे दिन डायलिसिस पर रहने के बावजूद विभाजित दलेस के अध्यक्ष पद के लिए तैयार हो गये हैं और जिस व्यक्ति विशेष के साथ वे एक कदम चलने को भी तैयार नहीं थे उसके साथ बीमारी में संग-संग दौड़ने को भी तैयार हैं।

एक विचारणीय मुद्दा

सुरेश पंडित ने 'वैकल्पिक समाज की ज़रूरत' (22 जनवरी) में ऊँची जाति के हिन्दुओं द्वारा जयपुर जिले के नीमोड़ा गाँव के एक दलित के साथ भेदभाव करने का जिक्र किया है। यह केवल नीमोड़ा गाँव की बात नहीं है। आजादी के पैंसठ वर्षों बाद भी देश के अधिकतर गाँवों का यही हाल है। इस स्थिति के पीछे एकमात्र कारण है देश के दलितों का हिन्दू धर्म को अपने कन्धों पर बिना बात के ढोते फिरना।

आज अगर हिन्दू धर्म जिन्दा है तो देश के दलितों के कारण ही। धर्म के नाम पर जागरण करने वाले भी यही और इन जागरणों को आयोजित कराने वाले भी यही हैं। जेब में पैसा न होने पर भी कर्ज लेकर हिन्दू तीर्थ-स्थलों की यात्राओं पर जाने में ये अपनी शान समझते रहे हैं। सुरेश पंडित ने अपने लेख में जो संकेत दिये हैं उनमें तनिक भी शक की गुंजाइश नहीं है। इस बात के लिए दलितों के मुक्तिदाता डॉ. अम्बेडकर भी कम जिम्मेदार नहीं हैं। शुरू-शुरू में उन्होंने हिन्दुओं के मन्दिरों में दलित प्रवेश को लेकर बड़े पैमाने पर आन्दोलन किये थे। उन्हीं आन्दोलनों का आज तक इतना गहरा असर है कि देश के दलित मन्दिर प्रवेश की लड़ाई में अपना समय नष्ट करने में लगे और इसे प्रतिष्ठा का प्रश्न समझे हुए हैं। जबकि यह कटु सत्य है कि दलितों के देवी-देवता हिन्दू देवी-देवताओं से अलग हैं। दलितों को हिन्दू देवी-देवताओं से कुछ लेना-देना नहीं है, यहाँ तक कि दलितों के रीति-रिवाज सब पहले से ही अलग हैं।

ऐसा भी नहीं था कि बाबा साहेब भीमराव अम्बेडकर इस बात को जानते न हों। वे इस बात को भली-भाँति जानते और समझते थे, क्योंकि उनका पूरा परिवार और पुरखे कबीरपन्थी रहे हैं। उसके बाद भी वे कबीर का मार्ग त्याग कर बुद्ध के मार्ग पर चले गये। वे वहाँ क्यों गये? उन्होंने अपने पुरखों के मार्ग का त्याग क्यों किया? इन बिन्दुओं पर गम्भीरता से विचार होना चाहिए। यह भी कड़वा सच है कि बाबा साहेब अम्बेडकर के सिवाय दलितों के किसी भी महापुरुष ने धर्म परिवर्तन नहीं किया है।

बौद्ध धर्म अपनाकर भी आखिर देश के दलितों को क्या मिला? उनकी आज

भी वही पुरानी पहचान बनी हुई है। जो दलित बौद्ध बन गये हैं, उनमें आज भी आपस में रोटी-बेटी का सम्बन्ध नहीं बन पाया है। इनमें से अधिकतर जातिवाद, छुआछूत और ऊँच-नीच की भावना में आकंठ डूबे हुए हैं। आज भी देश के दलित हिन्दू धर्म की नकल करने में लगे हुए हैं। अनपढ़ तो क्या, पढ़े-लिखे दलित भी अपने घरों की दीवारों पर हिन्दू देवी-देवताओं के रंगीन चित्र लटकाये मिल जायेंगे। सुरेश पंडित ने इस लेख के जरिये एक गम्भीर मुद्दा उठा कर दलित समाज के प्रबुद्ध कहे जाने वाले लोगों को सोचने पर मजबूर कर दिया है कि बाबा साहेब ने अपने पुरखों के आजीवक धर्म को त्याग कर हिन्दू धर्म से मिलता-जुलता बौद्ध धर्म ही क्यों अपनाया।

यह भी सच है कि बाबा साहेब अम्बेडकर समाज सुधारक के साथ-साथ बहुत बड़े राजनेता थे। यही कारण है कि वे हिन्दू धर्म से दूर न हट सके। उन्होंने न मुसलिम, न सिख और न ईसाई धर्म स्वीकार किया बल्कि बौद्ध धर्म को स्वीकार किये, जो हिन्दू धर्म को कम से कम नुकसान पहुँचाने का प्रयास भर करता है। सीधे कहा जाए कि बाबा साहेब खुद और देश का दलित समाज हिन्दू धर्म का अंग बन कर रह गये। जबकि उन्हें विकल्प के नाम पर अपने पुरखों के आजीवक धर्म पर आगे बढ़ना चाहिए था। बस, न जाने क्यों वे एक प्रतीकात्मक विरोधी धर्म देश के दलितों के हाथों में थमा गये।

इस बात को सभी अच्छी तरह जानते हैं कि भारत के दलित न बौद्ध हैं और न हिन्दू। प्रमुख दलित चिन्तक और आलोचक डॉ. धर्मवीर कब से पुरजोर कोशिश करके समझाने में लगे हैं कि देश के सभी दलित आजीवक हैं और वे उसी परम्परा से सम्बन्ध रखते आये हैं। लेकिन उनकी बातों पर ध्यान ही नहीं दिया जा रहा है। इस लेख के लिए सुरेश पंडित का आभारी होना चाहिए कि उन्होंने इसके जरिये दलितों को गहरी नींद से जगाने का प्रयास किया है।

स्पष्ट होना चाहिए कि जैसे अन्धविश्वास दूसरे धर्मों या हिन्दू धर्म में है वैसे ही अन्धविश्वास और कर्मकांड बौद्ध धर्म में भी स्थापित हैं। धार्मिक आयोजनों और शादी-ब्याह के अवसर पर हिन्दुओं का हवन कुंड के पास लोटा भर पानी में आम के पत्तों को डुबो कर रखना, हाथों की कलाइयों पर लाल डोरा (कलावा) बाँधना, पुजारी द्वारा गायत्री मन्त्र का जाप करना और कराना। वैसे ही बौद्ध धर्म में हवन कुंड की जगह दीपक या पाँच मोमबत्तियाँ जलाना, लोटा भर पानी में पीपल के पत्तों को पानी में डुबो कर रखना लाल धागे (कलावा) के स्थान पर सफेद धागे को लोगों की कलाइयों पर बाँधना और गायत्री मन्त्र के स्थान पर बौद्ध भिक्षु द्वारा 'नमो तस्यः भगवतो अरहतो सम्मासम्बुद्धस्य' का जाप करना और कराना है।

इस बात में भी दो राय नहीं है कि अगर इस लेख का लेखक कोई दलित होता

तो दलित समाज के ही लेखकों-बुद्धिजीवियों द्वारा उस पर चौतरफा आक्रमण शुरू हो जाते। समाज की धड़कन पर हाथ रखना या फिर उस पर लिखना एक कठिन और चुनौती भरा कार्य है, जो सुरेश पंडित ने गैर-दलित होते हुए करके दिखाया है। यह एक बहस का मुद्दा है और इस पर बहस होनी चाहिए।

—'जनसत्ता', दिल्ली, 5 फरवरी 2012

दुश्चक्र में दलित

हिन्दी में दलित साहित्य को लेकर शुरू से ही देश के बड़े आदमियों द्वारा समय-समय पर बड़ी-बड़ी बातें कही जाती रही हैं। ये बड़े आदमी आखिर हैं कौन? इसके बारे में जानना और इनकी पहचान करना बहुत ज़रूरी है।

आरंभ से ही ये बड़े आदमी हिन्दी के दलित साहित्य को लेकर परेशान रहे हैं। ये हमेशा से इसी तिकड़म में लगे हुए हैं कि हिन्दी के दलित लेखन को कैसे भोथरा किया जाये। शुरु-शुरू में तो इन बड़े आदमियों ने हिन्दी के दलित लेखन को बहुत दिनों तक मुंशी प्रेमचन्द का डर दिखा कर उनके डंडे से पीटना जारी रखा। आज भी ये राग-पाखंडी अलापने से बाज नहीं आ रहे हैं। यह कहते नहीं थक रहे हैं कि मुंशी प्रेमचन्द ही हिन्दी दलित साहित्य के सबसे पहले और सबसे बड़े लेखक हैं। इनके अनुसार हिन्दी के दलित लेखन में प्रेमचन्द से बड़ा लेखक कोई हो ही नहीं सकता।

हद तो तब हो जाती है कि ये जबर्दस्ती प्रेगचन्द को दलित लेखकों का प्रेरणा स्रोत और आदर्श तक कह डालते हैं। इनके सुर में सुर मिलाते कुछ दलित बुद्धिजीवी भी मिल जायेंगे। शायद वे भी इन बड़ों की जमात में सम्मिलित होना चाहते हैं। भला हो कमलेश्वर का कि उन्होंने दिल्ली के एक साहित्यिक कार्यक्रम में इन बड़े आदमियों को फटकार लगाते हुए कहा था—"आखिर कब तक हिन्दी के दलित लेखन को प्रेमचन्द का डर दिखाया जाता रहेगा। हिन्दी के दलित लेखन को ये बड़े आदमी अपने पैरों पर कब खड़ा होने देंगे।"

कबीर के चिन्तन को लेकर ये क्या करने पर तुले हैं। सबके सब गड्डमड्ड करने में लगे हैं। तरह-तरह की पुस्तकें लिख कर और इन पुस्तकों द्वारा अफवाहें फैला कर कबीर के मिशन को भ्रमित करने से बाज नहीं आ रहे। कबीर की वाणी को प्रक्षिप्त और किंवदंतियों से घेर कर अपने-अपने ढंग से प्रस्तुत कर रहे हैं। इन्हें अच्छी तरह समझ लेना चाहिए कि अब दाल गलने वाली नहीं है। चर्चित दलित लेखक और चिन्तक धर्मवीर ने अपनी पुस्तक 'कबीर : खसम खुशी क्यों होय' में ऐसे ही बड़े आदमियों की अच्छी खबर ली है।

आज से लगभग दस-बारह साल पहले भी इन बड़े आदमियों ने हिन्दी के दलित

साहित्य को लेकर एक नया शिगूफा छोड़ा था। दलित और गैर-दलित मंचों से पूरे देश में इनके द्वारा एक ही राग अलापा गया—'हिन्दी दलित लेखन की कलम मराठी के दलित लेखन से आयी है।' इनके इस कथन से हिन्दी के कई दलित लेखक भ्रमित होकर इनकी बातों में उलझ कर रह गये थे और बहुत दिनों तक इनके सुर में सुर मिला कर इनके साथ उठते-बैठते रहे।

लेकिन शीघ्र ही दलित लेखकों को इनकी इस षड्यन्त्रकारी चाल का भान हो गया और वे छिटक कर इनसे दूर हो गये। जबकि यह प्रमाणित है कि हिन्दी के दलित लेखन की अपनी एक अलग पृष्ठभूमि रही हैं। साथ ही मराठी के दलित लेखन से इसकी पहचान भी अलग है। लेकिन बड़े आदमियों ने तरह-तरह के कु-तर्क गढ़ कर इसे आगे बढ़ने से रोकने में कोई कसर नहीं छोड़ी। दरअसल इनका काम हिन्दी दलित लेखन को उलझाना भर रह गया है।

यह भी बड़ी दुखदायी बात है कि अब भी कुछ चाटुकार और छपास के भूखे दलित लेखक इन बड़े आदमियों का हुक्का भरने को तत्पर रहते हैं। गलती इनकी भी नहीं हैं। इन तथाकथित बड़े आदमियों को गुलाम पालने और इन गुलामों को गुलामी करने की आदत जो है। आखिर यह लत छूटते-छूटते ही छूटेगी।

दिल्ली में आयोजित एक कार्यक्रम की बात हैं। प्रो. तुलसीराम की आत्मकथा का लोकार्पण करते हुए एक बड़े लिक्खाड़ ने हिन्दी दलित साहित्य की पन्द्रह-बीस आत्मकथाओं को मटियामेट करते हुए कहा था—'हिन्दी के दलित लेखन में अब तक मात्र सवा आत्मकथा आयी है। लीजिए हो गया काम! उसके बाद क्या हुआ? उनके ऐसा कहते ही कुछ दलित लेखकों में भी भरी सभाओं में ऐसा कहने की होड़-सी लग गयी है, जो आज भी जारी हैं।

'धर्मवीर ने अपनी नयी पुस्तक 'कबीर : खसम खुशी क्यों होय' में स्पष्ट लिखा है कि 'ऐसे बड़े आदमियों के बारे में जान कर दुख नहीं खुशी प्रकट करनी चाहिए कि इनकी कथनी और करनी का भेद ज्ञात हो रहा है। अच्छा हो रहा है कि इनके साहित्यिक अपराध खुल कर सामने आ रहे हैं।'

—'जनसत्ता', दिल्ली, 10 मार्च 2013

दिखावे की संवेदना

हिन्दी साहित्य में अनेक साहित्यकारों ने दलित संवेदना पर लिखा है। उनके लेखन में दलितों की यातना और दुर्दशा का चित्रण है। मगर उनके संघर्ष और चेतना के स्वर हिन्दी के गैर-दलित लेखन में सुनाई ही नहीं पड़ते। हैरानी की बात तो यह है कि हिन्दी के गैर-दलितों लेखकों ने वर्ण-व्यवस्था के विरुद्ध अँगुली तक उठाने का साहस नहीं किया, उल्टा वर्ण-व्यवस्था को मजबूत ही किया है। कुछ अपवादों को छोड़ दें तो इन लेखकों ने हमेशा अपनी लेखनी दलित समाज की छवि और उनके पात्रों को कमजोर करने के लिए ही चलाई है।

हिन्दी के गैर-दलित साहित्य में दलितों का अपमान और हीनताबोध बढ़ाने के अलावा कुछ नहीं है। दलित चेतना की सार्थक अभिव्यक्ति दलित लेखकों की ही रचनाओं में देखी जा सकती है। सैकड़ों वर्षों के मूक क्रंदन को दलित साहित्य के माध्यम से अब वाणी मिली है। दलित लेखकों ने साबित कर दिया है कि हिन्दी का दलित साहित्य एक जलते हुए दीपक के समान है, जिसकी रोशनी में राह से भटका हुआ पाठक सोच-समझकर अपने गंतव्य की ओर चल पड़ता है।

पारम्परिक साहित्य से अलग हटकर अपने वर्ग की अस्मिता को लेकर दलित वर्ग के साहित्यकारों ने कलम उठा ली है और अपनी यातनाओं और संवेदनाओं पर लिखना शुरू कर दिया है। हिन्दी का दलित साहित्य कथ्य, भाषा और शिल्प के स्तर पर परम्परा से एकदम अलग है।

गैर-दलित साहित्यकारों ने जब दलितों पर लेखन शुरू किया तब शायद उनके ध्यान में यह बात नहीं आयी होगी कि कभी दलित साहित्य नाम का भी कोई साहित्य उभर कर आयेगा। कितनी हैरानी की बात है कि गैर-दलित रचनाकारों ने आज तक किसी ऐसी रचना का सृजन नहीं किया, जिसे दलित समाज ने सहर्ष स्वीकार किया और अपनी अभिव्यक्ति माना हो। गैर-दलित लेखकों की कहानियों के पात्र सभी तरह की ज्यादती सहने को तैयार रहते है, जबकि दलित लेखकों की कहानियों के पात्र हर प्रकार की ज्यादती का विरोध करते हैं।

दलित कथाकारों की कहानियाँ दलित समाज पर होने वाले अत्याचार उनके

विरुद्ध सुनियोजित षड्यन्त्र और दृढ़ता से इन सभी का सामना करने, हीन मानसिकता को निकालने, व्यवस्था-परिवर्तन के लिए संघर्ष अपनी अस्मिता बचाने के लिए मरने-मारने जैसे ज्वलन्त सामाजिक विषयों की अभिव्यक्ति करने में सफल रही हैं।

दूसरी ओर, आज भी देखने में आ रहा है कि हिन्दी के आलोचक दलित साहित्य के पीछे अपने दुराग्रहों का लट्ठ लिए घूमते रहते हैं। इन आलोचकों को दलित साहित्य में कभी कच्चापन तो कभी नंगापन नज़र आता है। इन्हें दलित साहित्यकारों द्वारा लिखित दलित जीवन की वास्तविकता से घिन आती है। ये मुख्यधारा के आलोचक कोई न कोई बहाना बना कर दलित साहित्य को नकारने में लगे हुए हैं। मगर इनके दोषारोपण से दलित साहित्य का दरिया बहने से अब रुकने वाला नहीं है। शिल्प को दृष्टि में रख कर दलित साहित्य को कच्चा साहित्य कहने की बातें अब छोड़नी होंगी। कोई भी साहित्य अपने अनुभव से महान होता है और महान अनुभव अपने लिए नया शिल्प तलाश लेता है। यों भी मजबूत कथ्य किसी शिल्प विधान का मोहताज नहीं होता।

बीसवीं शताब्दी में बाबा साहेब भीमराव अम्बेडकर, जो दलित होने के नाते यातनाओं के भुक्तभोगी थे, उन्होंने पूरी गम्भीरता से दलित दुखों के कारणों का पता लगा कर राष्ट्रीय ही नहीं अन्तरराष्ट्रीय स्तर पर उन्हें उजागर किया था। उनका निष्कर्ष था कि 'हिन्दू धर्म और उसका वांग्मय ही दलित दुर्दशा के लिए उत्तरदायी है, और जब तक दलित उनमें आस्था रखेंगे जीवित रहते मुक्ति नहीं।'

प्रमुख कथाकार कमलेश्वर के शब्दों से भी यह बात पूरी तरह स्पष्ट हो जाती है। उन्होंने दलित कहानी संग्रह 'दूसरी दुनिया का यथार्थ' की भूमिका में साफ-साफ लिखा है–'दलितों की दुनिया के सत्य और यथार्थ को देखना एक अनिवार्यता है, अगर इसे नहीं देखा गया तो साहित्य निर्वासित और प्रताड़ित होकर मनुय के जीवन का हिस्सा नहीं रह जायेगा। दलित समाज को आज राजनीति से ज्यादा साहित्यिक सहकारिता की ज़रूरत है और अपनी अस्मिता को स्थापित करके इस दुनिया को मानव शुभ के लिए बदलने की ज़रूरत है।'

–'जनसत्ता', दिल्ली, 14 जुलाई 2013

बहुत याद आयेंगे राजेन्द्र यादव

सैकड़ों वर्षों के बाद मूक-क्रन्दन को 'हंस' पत्रिका के माध्यम से वाणी प्रदान करने वाले सम्पादक एवं प्रसिद्ध कहानीकार राजेन्द्र यादव अब हमारे बीच नहीं हैं। 28 अगस्त, 1929 को आगरा में जन्मे राजेन्द्र यादव 28 अक्टूबर, 2013 को इस दुनिया को अलविदा कह गये। वे प्रेमचन्द द्वारा स्थापित 'हंस' के सम्पादक और हिन्दी के प्रसिद्ध कथाकार थे। कोई माने या न माने लेकिन यह सत्य है कि राजेन्द्र यादव ने ही सबसे पहले दलित साहित्य को हंस के माध्यम से उठाकर चर्चा का विषय बनाया। उन्होंने दलितों व स्त्रियों के बीच से बड़ी संख्या में रचनाकार पैदा किये हैं। वरिष्ठ दलित लेखकों में डॉ. धर्मवीर, प्रो. तुलसीराम, ओमप्रकाश वाल्मीकि, डॉ. श्यौराज सिह बेचैन, कंवल भारती, मोहनदास नैमिशराय, डॉ. सुशीला टाकभोरे, डॉ. हेमलता मेहिश्वर, डॉ. रामचन्द्र, डॉ. तेज सिंह, डॉ. एन. सिंह, डॉ. चन्द्रभान प्रसाद, डॉ. दिनेश राम की रचनाओं को 'हंस' में पूरे मनोयोग से प्रकाशित किया तो दूसरी ओर युवा दलित रचनाकारों में सुदेश तनवर, डॉ. सुमित्रा महरौल, टेकचन्द, मूलचन्द सोनकार, राज वाल्मीकि, अनीता भारती, रूप नारायण सोनकर, कृष्ण पाल परख, डॉ. पूरन सिंह आदि को भी प्रकाशित करके उनका मनोबल बढ़ाया और दलित लेखन की एक नयी पौध तैयार की है।

राजेन्द्र यादव से मेरी पहली मुलाकात सन् 1992 में 'हंस' के एक कार्यक्रम में फिक्की सभागार में हिन्दी के वरिष्ठ दलित साहित्यकार ओमप्रकाश वाल्मीकि के साथ हुई थी। तब से लेकर मैं लगातार उनसे मिलता रहा हूँ। वह भी मेरे नोएडा और दिल्ली के निवास स्थानों पर सामाजिक व साहित्यिक कार्यक्रमों में समय-समय पर सम्मिलित होते रहे। एक-दो बार मन्नू भण्डारी भी उनके साथ थीं। वे हर उम्र के व्यक्तियों से इस तरह घुल मिल जाया करते थे कि सभी अपने को उनके नजदीक समझने लगते थे। दिल्ली में वह मेरे और डॉ. श्यौराज सिंह बेचैन के कुछ अधिक ही समीप थे। हम दोनों की रचनाओं को उन्होंने हंस में भरपूर स्थान प्रदान किया है। उनसे किसी विषय पर असहमत होना और तुनक कर हंस के ऑफिस से बाहर आना भी सुखदायी लगता था। कुछ दिनों के अन्तराल के बाद मिलने पर वह अपने

अनोखे अन्दाज में ठहाका लगाते हुए पूछते—"धुँआ तो आ गया, आग कहाँ रह गयी?" अर्थात श्यौराज सिंह बेचैन को कहाँ छोड़ आये।" कुछ पलों की चुप्पी के बाद पूछते—"आजकल क्या लिख रहे हो?"

"कुछ विशेष नहीं सर, समय निकाल कर कहानी या कविता ही हो पाती है।" मैं सहज भाव से अपनी बात कहता तो वह फिर कहते—"कोई अच्छा-सा उपन्यास लिख डालो यार, वैसे भी दलित साहित्य में उपन्यासों की बड़ी कमी है।

"सर, उपन्यास लिखने के लिए समय नहीं मिल पाता।"

"बहाने मत बनाओ, सीधे क्यों नहीं कहते कि बड़ा काम करने से डरते हो।" और फिर जोर के ठहाके के साथ विषय परिवर्तन।

न जाने उनके व्यक्तित्व में ऐसा क्या चुम्बकीय गुण था कि सभी को अपनी ओर मोहित कर लेते थे। चाटुकारों व अवसरवादियों की भीड़ उनके इर्द-गिर्द मँडराती रहती थी लेकिन वह उनसे होशियार रहते थे। हाँ, अन्त के एक-दो वर्षों में कुछ चाटुकार लेखक जिनमें दलित व गैर-दलित दोनों ही प्रकार के उनके ऊपर हावी हो गये थे। हो सकता है बीमारी की हालत में ये चाटुकार उनकी मजबूरी बन गये हों। लेकिन यह कड़ुवा सत्य है कि अन्त के एक-दो वर्षों से वह चाटुकारों व चाटुकारिता को पसंद करने लगे थे। चाटुकारिता उन्हें इतनी भा गयी थी कि उन्हें खुश करने के लिए उनकी कच्ची-कमजोर और अश्लील रचनाओं को 'हंस' में धड़ल्ले से लगातार प्रकाशित किया। चेते तो सही लेकिन तब तक बहुत देर हो चुकी थी। राजेन्द्र यादव के जाने के बाद अब इन चाटुकारों का क्या होगा। इस स्मृति शेष लेख में मुझे यह सब कहना या लिखना तो नहीं चाहिए, लेकिन सत्य तो सत्य ही होता है। वैसे इस दुनिया से जाने से पहले वह ऐसे चाटुकारों की पोल अपनी सद्यः प्रकाशित पुस्तक 'एक स्वस्थ व्यक्ति के बीमार विचार' में खोलकर धर गये हैं। यही कारण रहा कि हंस के कुछ गम्भीर लेखक छिटक कर उनसे दूर हो गये थे।

राजेन्द्र यादव अब हमारे बीच नहीं हैं। जाहिर है जैसाकि अक्सर होता है अब उनकी याद में तरह-तरह के कसीदे काढ़े व पढ़े जायेंगे। उनके जाने के बाद हिन्दी के एक चर्चित लेखक ने एक कसीदा गढ़ ही दिया।

"राजेन्द्र यादव आधुनिक महात्मा ज्योतिबा फूले व डॉ. अम्बेडकर थे।"

वाह भई वाह! क्या कहना लेखक महोदय आपका और आपकी सोच का, जबकि राजेन्द्र यादव हंस के अपने सम्पादकीय वर्ष 2006 जून में स्पष्ट शब्दों में लिख चुके हैं—'अंग्रेजों ने अगर गाँधी को बाकायदा स्थापित किया तो अम्बेडकर को भी दलित नेता बनने के लिए अवसर दिये। निश्चय ही अम्बेडकर गाँधी के मुकाबले अधिक यथार्थवादी थे और वह देख रहे थे सवर्णों की आजादी में अपनी

हजारों सालों से चली आयी गुलामी का स्थायीकरण। आज गाँधी बीसवीं सदी के और अम्बेडकर इक्कीसवीं सदी के नेता हैं।"

कानपुर के उस चर्चित लेखक की बात सुनकर और पढ़कर मुझे अपने कवि मित्र किशोर कुमार कौशल की सुनाई एक लोक-कथा याद हो आयी हैं। वह लोक-कथा इस प्रकार है–

"किसी गाँव में एक व्यक्ति की मौत हो गयी। गाँव में उसकी सभा थी। दूसरे गाँव के दो व्यक्ति शोक सभा में सम्मिलित होने के लिए चल पड़े। रास्ते में वे दोनों एक-दूसरे से बातियाते हुए चर्चा किये जा रहे थे।

पहला व्यक्ति–'हतु काय सो, अच्छो भयौ जे मर गयौ, मैरो सारौ अपने आगे काई कू कुछ समझे ही नाऔ, बड़ी अनीति मचा रखी ही मेरे सारे ने।'

"दूसरा व्यक्ति–'हाँ भैया कह तो तू ठीक रहौ हैं, हतु काय सो, बड़ौ ही गन्दौ आदमी हतौ, काई की तनिक भी न सुनै हो, हरदम अपनी ही चलावतौ।"

वे दोनों मृत व्यक्ति की आपस में बुराई करते हुए शोक सभा स्थल पर पहुँच गये थे।

जैसाकि शोक सभा के दौरान होता ही है। उस समय सभा में हर कोई मृत व्यक्ति की अच्छाइयों व गुणों का ही गुणगान करने में लगा था। जो भी वक्ता आता मृत व्यक्ति का गुणगान व यशोगान करने लग जाता। उन दोनों व्यक्तियों ने सभा का जब यह दृश्य देखा तो ठिठक कर रहे गये। दोनों खड़े-खड़े सोच रहे थे कि अब क्या किया जाये। अपनी बारी आने पर अब वे क्या बोलेंगे। क्योंकि उन दोनों को उस मृत व्यक्ति की बुराइयों व अवगुणों के सिवाय कोई दूसरी जानकारी ही नहीं थी। फिर भी उन्हें रस्म अदायगी के चलते कुछ बोलना तो था ही, सो पहला व्यक्ति बोला–'हतु काय सो, पूरे गाम की नाक हो..., बड़ौ और भलौ आदमी हतौ, नम्बरदार आवतौ, प्रधान आवतौ, तहसीलदार आवतौ, थानेदार आवतौ, जेई बात कत्तौ, हतु काय सो, बात कत्त धत्ती फातौ...।'

'...धत्ती फौत्तौ, वो तो बादर फात्तौ।' दूसरे ने पहले व्यक्ति के स्वर में स्वर मिलाते हुए कहा था।

लोदी रोड नयी दिल्ली के श्मशान घाट पर राजेन्द्र यादव के दाह संस्कार के अवसर पर जुटी भीड़ में न जाने इस तरह के कितने लोग थे जो दलित लेखकों की रचनाओं को 'हंस' में प्रकाशित करने पर उन्हें मुँह भर-भरकर अन्त तक कोसते रहे हैं। ये लोग उन्हें ग्वाला, दूधवाला, चरवाहा और न जाने क्या-क्या कहते फिरे हैं। हाँ, यह सच है कि राजेन्द्र यादव दूधवाला, ग्वाला या चरवाहा थे, तभी तो वह हम दलितों के करीब थे। इसीलिए उन्होंने दलितों को 'हंस' में उचित स्थान प्रदान

किया। किसी बामन या ठाकुर ने आजतक अपनी पत्रिकाओं में दलित लेखकों को क्यों उचित स्थान प्रदान नहीं किया। किसी ने सच ही लिखा है–

"जीते जी तो न जीने दिया
कब्र पर काफिले आ गये।"

राजेन्द्र यादव का जन्मदिन वर्षों से रचनाकारों का मिलन समारोह बना हुआ था। उनके जन्मदिन वर्ष 2009 के अवसर पर भारत भारद्वाज ने मेरे कन्धे पर हाथ रखते हुए व भावुक होते हुए कहा था–"चौहान, इस व्यक्ति के जाने के बाद क्या ऐसा साहित्यिक उत्सव देखने को मिल सकेगा?"

–'हंस', दिसम्बर 2013

चरण वन्दना की हद

चरण वन्दना को लेकर पहले भी कुछ पढ़ा और सुना है। स्कूल और कॉलिजों में भी समय-समय पर इस चरण वन्दना पर खूब बहसबाजी होती रही है या अब भी होती रहती है। अभी कुछ महीने पहले उमा कुमारी साह का लेख 'चरण-वन्दना' हिन्दी दैनिक (जनसत्ता, 10 अक्टूबर, 2013) में पढ़ा था। इस लेख को पढ़कर मैं आज तक असमंजस में हूँ। इतने दिनों तक सोचता रहा कि इस पर कुछ लिखूँ। बार-बार कलम उठाता और कुछ देर सोचकर एक ओर को रख देता। फिर सोचा कि चुप्पी साधना ठीक नहीं है। उमा कुमारी साह ने जिन बहुरूपियों की बात अपने लेख में रखी है, उनके बारे में विस्तार से जानकारी देना अति आवश्यक हैं।

जिस आन्दोलन में अपने आप को चर्चा में बनाये रखना और निजी-स्वार्थ प्रमुख हो जाएँ, उस आन्दोलन का कैसे भला हो सकता हैं? यह ठीक है कि चरण वन्दना करने की भावना दलितों में गैर-दलितों से आयी है। लेकिन कुछ तथाकथित दलित रचनाकार जिनकी चर्चा अपने लेख में उमा कुमारी साह ने की हैं। कब समझेंगे। ये लोग मंचों पर कहते कुछ हैं और करते कुछ हैं। इनकी कथनी दिन और करनी रात है। इनमें से कई बाबा साहेब डॉ. अम्बेडकर व बौद्ध धम्म के नाम पर अपनी रोजी-रोटी चला रहे हैं तो कुछ बाबा साहेब की सुन्दर फ्रेम में जड़ी फोटो अपने घरों में लगाकर अपने कर्त्तव्य की इतिश्री कर लेते हैं। बस फोटो लगाकर ही अम्बेडकरवादी व दलित लेखक होने का ढिंढोरा पीटने में लगे हैं। कुछ अपने पड़ोस में ही जाति छिपाकर रह रहे हैं। ये अपने घरों में सभी प्रकार के आयोजन हिन्दू धर्म से करने में लगे हैं। माथे पर गज भर लम्बा तिलक लगाकर जय भीम का नारा लगाते घूमते हैं।

उमा कुमारी साह को शायद ज्ञात नहीं कि चरण-वन्दना की महिमा बड़ी अपरम्पार है। उन्होंने अपने लेख में स्वीकार तो किया है कि दूसरों की चरण-वन्दना हमें अनुसरण करने वाला प्राणी तो बनाता है लेकिन एक चिन्तनशील व्यक्ति नहीं। जब चरण-वन्दना करने से ही आदमी रातों-रात स्टार बन जाता है तो चिन्तनशीलता से क्या लेना-देना। युवा हो या वरिष्ठ दलित चिन्तक अधिकतर का यही हाल है। ये गैर-दलितों की चरण-वन्दना करके ही आगे बढ़े हैं या कहें रातों रात चर्चा में आकर

एक्स्ट्रा-ऑडिनरी का पद पा गये हैं। ऐसे ही एक वरिष्ठ लेखक गैर-दलित आलोचकों की चरण वन्दना करते-करते अपनी आत्मकथा को सभी दलित आत्मकथाओं का मटियामेट करवाते हुए सर्वश्रेष्ठ साबित करवाने में लगे हुए हैं। हाँ, एक बात और उन्होंने अपनी आत्मकथा के लोकार्पण के समय गैर-दलित आलोचकों का हुक्का भरते हुए उन्हीं से लोकार्पण करवाया था। दलित आत्मकथाकारों में से हॉल में उन्हें कोई नज़र नहीं आया था कि मंच पर गैर-दलितों के साथ कोई अन्य दलित आत्मकथाकार भी बैठ सके। दूसरों की जूतियाँ उठाने की आदत जो है। दूसरी ओर एक दलित युवा लेखक दलित साहित्य आन्दोलन की पीठ में छुरा भोंक कर गैर-दलितों की गोद में अपनी मोहिनी सूरत लिए बैठा मन्द-मन्द मुस्कुरा रहा है। उसके लेखे दलित जाएँ कुएँ में और दलित साहित्य जाए भाड़ में । ऐसे लोग अपने स्वार्थ के लिए कुछ भी करने को तैयार रहते हैं।

उमा कुमारी साह को शायद यह ज्ञात नहीं होगा कि इस तरह के दलित लेखक या लेखिकाएँ दिन-रात छुआछूत और ऊँच-नीच के विरोध में लिखते और बोलते हैं। लेकिन आकण्ठ जातिवाद में सराबोर हैं। शोषण के विरोध में भी खूब लिखते और बोलते हैं। लेकिन अवसर पाते ही दूसरे का शोषण करने से तनिक नहीं हिचकते। सुविधाएँ ढूँढ़ते फिरते हैं। जहाँ अच्छी और बढ़िया सुविधाएँ मिलीं बस वहीं अड्डा जमा दिया। जब तक पहले शोषित व्यक्ति की आँखें खुलती हैं तब तक कोई दूसरा ठिकाना ढूँढ़ लेते हैं। और तो और हजार-हजार, दो-दो हजार के लिए गैर-दलित लेखकों, बुद्धिजीवियों के सम्मुख अपने ही दलित लेखकों का उपहास कराने या जूते चप्पल तक चलवाने या चलाने से नहीं चूकते हैं। अपना बोलना या अपना लिखा ही इन्हें अच्छा लगता है। वर्ष 2012, जुलाई की ही बात है। ऐसे ही एक तथाकथित वरिष्ठ दलित लेखक की हिन्दी दलित साहित्य के इतिहास विषय पर साहित्य अकादेमी की ओर एक भारी भरकम पुस्तक प्रकाशित होकर आयी है। उस पुस्तक में उसने आधे से अधिक पन्ने अपने और अपने लेखन पर ही काले किये हैं। इस प्रकार के दलित लेखक गैर-दलित लेखकों की तरह वरिष्ठ व कनिष्ठ होने की भावना पाले हुए हैं। गुरु-शिष्य परम्परा को बहुत तेजी से विकसित करने में लगे हुए हैं ये। उमा कुमारी साह ने अपने लेख में आगे लिखा है कि जे.एन.यू. के उस आयोजन की विदुषी बहुत गुस्से में थी क्योंकि किसी कारणवश उसके विश्वविद्यालय के युवा विद्यार्थी समय पर पहुँच नहीं सके थे। यह बात उस दलित विदुषी की ही नहीं है। और कई दलित लेखक युवा और नये दलित लेखकों से बात तक करना पसन्द नहीं करते।

लेखन के माध्यम से बड़ी-बड़ी और ऊँची-ऊँची बातें करने वाले जब अपने युवाओं से ही सीधे मुँह बात नहीं करेंगे और उन्हें अपनापन नहीं देंगे तो फिर वे कहाँ जायेंगे। दूसरों की और अपनी चरण वन्दना करते या करवाते फिरेंगे तो भला

युवा पीढ़ी क्या सीख ले सकेगी। उमा कुमारी साह जे.एन.यू. वाले आयोजन की एक महत्त्वपूर्ण बात अपने उस लेख में लिखना भूल गयी हैं। उस आयोजन में एक राजनेता को, जिसने दलितों के लिए आज तक एक पृष्ठ तो क्या दो पंक्तियाँ तक नहीं लिखी दलित लेखक के रूप में मंच पर उसे सम्मानित किया गया था। यह भी तो चरण वन्दना का ही एक रूप है। शायद सत्ताधारी राजनेता को सम्मानित करने से कोई लाभ ही मिल जाये। या फिर किसी कम्पनी के ऊँचे पद या राजसभा की सदस्यता प्राप्त हो जाए तो क्या कहने। हैरानी की बात तो यह है कि उस कार्यक्रम में अपने आपकों दलित विद्वान कहे जाने वाले लोगों ने भी इस घटना का विरोध नहीं किया। सभी ने उस दलित विरोधी राजनेता के सम्मानित होने पर एक पैर पर खड़े होकर देर तक तालियाँ बजायी थीं। यह है कि इन दलित बहुरूपियों का असली रूप। इसी सत्ताधारी राजनेता ने अभी कुछ दिन पहले ही दलितों के आरक्षण को लेकर विरोध प्रकट किया है। और आर्थिक आधार पर गैर-दलितों के आरक्षण की माँग की है। अब जरा सोचिए, दलित लेखकों द्वारा ऐसे राजनेताओं को अपने मंचों पर बुलाकर सम्मानित करना क्या दर्शाता है। उमा कुमारी साह ने अपने आलेख द्वारा अच्छा कार्य किया है। उन्होंनें एक प्रकार से दलित बहुरूपियों की कलई खोलकर रख दी है।

—'अम्बेडकर कल्चर', दिसम्बर-फरवरी 2014

हिन्दी दलित साहित्य के आधार-स्तम्भ

ओमप्रकाश वाल्मीकि अब हमारे बीच नहीं रहे। दिनांक 17 नवम्बर को प्रातःकाल उनका देहान्त हो गया। पिछले डेढ़ वर्ष से वह बीमार चल रहे थे। दिल्ली के सर गंगा राम अस्पताल में उनके पेट का ऑपरेशन हुआ था। कैंसर से पीड़ित थे वह। दिल्ली के प्रगति मैदान में आयोजित विश्व पुस्तक मेला दिनांक 7 फरवरी, 2013 में वह मुझे मिले थे। चन्दा भाभी भी उनके साथ थीं। उन्हीं से ज्ञात हुआ कि दिल्ली के सर गंगा राम अस्पताल में 15 दिनों के बाद वे देहरादून से रुटीन चैकअप के लिए आते हैं। उस दिन वह मुझसे गले लगकर मिले थे और पुस्तक मेले में कई पुस्तकों व दलित पत्रिकाओं व लोकार्पण भी किया था। वह शरीर से कमजोर लग रहे थे लेकिन उनका उत्साह देखते ही बनता था।

हिन्दी दलित साहित्य के इस सशक्त रचनाकार के संग बिताये क्षण मेरे जीवन के बहुमूल्य क्षण हैं। मेरे लेखन में गैर-दलित साहित्य से हिन्दी दलित साहित्य की ओर जो टर्निंग प्वाइट आया उसका श्रेय ओमप्रकाश वाल्मीकि जी को ही जाता है। मैं इनकी रचनाएँ देश की विभिन्न पत्र-पत्रिकाओं में पढ़ता रहता था। सन् 1992 में नवभारत टाइम्स में प्रकाशित उनकी रचना 'शायद आप जानते हों।' ने मेरे अन्तर्मन को झकझोर दिया था। उनकी यह रचना पढ़कर मैं कई दिनों तक बेचैन रहा और सोचने लगा—मैं तो अन्धकार में ही कागजों पर आड़ी-तिरछी लकीरें खींचने में लगा हूँ... यथार्थ से कोसों दूर। अब मैं ओमप्रकाश वाल्मीकि से शीघ्र ही मिलकर एक लम्बी चर्चा करना चाहता था। वह अवसर जल्दी से मेरे हाथ लग गया। जुलाई, 1992 में हंस पत्रिका के सम्पादक व प्रसिद्ध कथाकार श्री राजेन्द्र यादव के एक कार्यक्रम में वह दिल्ली आये थे।

वाल्मीकि जी ने मुझे उस कार्यक्रम में अपने पहुँचने की सूचना पहले ही भेज दी थी। जिस दिन वह कार्यक्रम था उस दिन दिल्ली में मूसलाधार वर्षा हो रही थी। मैं उनसे मिलने के लिए इतना उतावला था कि बरसात की चिन्ता न करते हुए ऑफिस से आधे दिन का अवकाश लेकर निकल पड़ा। फिक्की सभागार पहुँचते-पहुँचते मैं पूरी तरह भीग चुका था। अभी हंस का कार्यक्रम शुरू नहीं हुआ था, चाय नाश्ता का

दौर चल रहा था। मैंने दूर से ही ओमप्रकाश वाल्मीकि को पहचान लिया और सीधा जाकर मैं उनके सम्मुख खड़ा हो गया। वह चाय की चुस्कियों का आनन्द ले रहे थे। मैं अपना मुँह खोलूँ कि चाय के घूँट को गले से उतारते हुए वह बोले—नोएडा से सूरजपाल चौहान हो। मैं हैरान, भला इन्हें कैसे भान हो गया कि मैं...। मैंने उनसे कहा कि मैं उनकी कहानी 'बैल की खाल', हंस पत्रिका में पढ़ चुका हूँ, उस कहानी के विषय में उनके परिचय के साथ उनकी तस्वीर भी छपी थी इसीलिए मैं सीधा उनके पास चला आया। मैंने पूछा—आप मुझे कैसे जान गये? मेरी बात सुनकर वह बोले—बस मैं तुम्हारे सीधे चले आने के अन्दाज से समझ गया कि आप सूरज ही हैं। यह मेरी उस दिन की विशेष उपलब्धि रही कि एक हिन्दी दलित साहित्य के वरिष्ठ लेखक से मेरी पहली मुलाकात हुई।

उस दिन कार्यक्रम की समाप्ति के बाद मैं वाल्मीकि जी को अपने निवास स्थान नोएडा साथ ले आया। वह मुझसे कहते रहे कि जेएनयू के हॉस्टल में उनके रहने का प्रबन्ध है, वहीं चलते हैं, वहीं बैठकर बातें करेंगे, लेकिन मुझे तो उनसे ढेर सारी बातें करनी थीं, जेएनयू के हॉस्टल में पहुँचते-पहुँचते देर हो जायेगी और फिर चर्चा भी खुलकर नहीं हो सकती। यही सोचकर मैं उन्हें किसी तरह घर चलने के लिए राजी कर सका।

घर पहुँचकर खाना खाने के बाद मैं उनसे चर्चा करने में जुट गया। चर्चा करते समय मुझे इतना भी ध्यान नहीं रहा कि वह देहरादून से लम्बी यात्रा करके आये हैं और थके हुए हैं। रात के लगभग 3.00 बज चुके थे। मेरी आँखों के सामने से अन्धकार की परतें वह एक-एक करके उतारते रहे। मैंने रात-भर उन्हें सोने नहीं दिया। लेकिन उन्होंने तो मुझे जैसे सोते से जगा दिया। उनकी विचारधारा जानकर मुझे अपने आपसे नफ़रत होने लगी। मैं सोच रहा था—मैं एक ऐसा दलित हूँ जो लेखन में गैर-दलितों की कृपा दृष्टि पाने के लिए प्रयासरत हूँ, जो एकदम असम्भव है।

दूसरे दिन अर्थात् 1 अगस्त, 1992 को उन्होंने दिल्ली के कई हिन्दी के दलित एवं गैर-दलित साहित्यकारों से मुझे मिलवाया था जिनमें प्रोफेसर तुलसी राम, डॉ. श्यौराज सिंह बेचैन डॉ रजत रानी मीनू श्रीमती रजनी तिलक, डॉ. देवेन्द्र चौबे, प्रोफेसर मैनेजर पांडे और राजेन्द्र यादव प्रमुख थे। हाँ, डॉ. धर्मवीर और मोहनदास नैमिशराय से भी मेरी पहली मुलाकात ओमप्रकाश वाल्मीकि ने ही कराई थी। उन दिनों डॉ. धर्मवीर लम्बा अवकाश लेकर शकरपुर, दिल्ली में कबीर साहेब के ऊपर गम्भीर लेखन कर रहे थे।

हिन्दी के दलित साहित्य के विकास में ओमप्रकाश वाल्मीकि की बड़ी महत्त्वपूर्ण भूमिका रही है। उन्होंने अपने लेखन में जातीय अपमान और उत्पीड़न का जीवन्त

वर्णन किया है और भारतीय समाज के अनछुए पहलुओं को लेखन में प्रस्तुत किया हैं। उनकी आत्मकथा 'जूठन' साहित्य जगत में बेहद चर्चा में रही है। हिन्दी दलित साहित्य में उनके योगदान को हमेशा याद रखा जायेगा। सभी दलित लेखकों का कर्तव्य भी बनता है कि उन्हें और उनके लेखन को हमेशा याद रखें।

ओमप्रकाश वाल्मीकि हिन्दी दलित साहित्य के आधार स्तम्भ रहे हैं। वाकई इसमें कोई दो राय नहीं है। उन्होंने कविता, कहानी, आत्मकथा, लेखन आदि में दलित साहित्य को बहुत कुछ दिया है। बैल की खाल, सलाम, पच्चीस चौका डेढ़ सौ, घुसपैठिए आदि कहानियाँ साहित्य जगत में खूब चर्चा में रही हैं। वहीं दूसरी ओर दलित लेखकों में फूट डालने और गैर-दलित लेखकों को खुश करने के लिए या कहें अपने आपको चर्चा में बनाये रखने के लिए उनकी ओर से जान-बूझकर शवयात्रा कहानी भी लिखी गयी है। इस कहानी के सन् 1998 के इंडिया टुडे के एक अंक में प्रकाशित होते ही गैर-दलित लेखकों को यह कहने का पूरा अवसर हाथ लग गया था कि देखो—दलितों में भी ऊँच-नीच और छुआछूत की भावना है। ओमप्रकाश वाल्मीकि ने एक बार नहीं, कई बार गैर-दलितो लेखकों के सुर में सुर मिलाकर गैर-जिम्मेदाराना बातें कही हैं। फरवरी 2002 में आयोजित विश्व पुस्तक मेले में आत्मकथा तिरस्कृत का लोकार्पण उनके द्वारा ही किया गया था और साथ में थे राजेन्द्र यादव, कमलेश्वर, डॉ. श्याम सिंह शशि, डॉ. श्यौराज सिंह बेचैन, मोहनदास नैमिशराय आदि। इसके बाद मेरे निवास स्थान पर सभी के लिए रात्रि भोजन की व्यवस्था की गयी थी। भोजन के दौरान ओमप्रकाश वाल्मीकि ने सभी के सम्मुख जो कहा वह हैरान करने वाली बात थी—हिन्दी दलित लेखन में अब तक मात्र ढाई लेखक ही हैं। अर्थात उनके कहे अनुसार एक वह स्वयं, दूसरे मोहनदास नैमिसराय और आधा-अधूरा बचा मैं। उनकी यह बात सुनकर उस समय सभी अकबका कर रह गये थे। क्या एक वरिष्ठ दलित लेखक को इस तरह की बातें करना उचित था। उनकी नज़रों में उस समय प्रो. तुलसीराम, डॉ. धर्मवीर, डॉ. श्यौराज सिंह बेचैन, कँवल भारती, डॉ. जयप्रकाश कर्दम, डॉ. एन. सिंह आदि दलित लेखक नहीं थे। यह एक विचारणीय मुद्दा है। खैर...। यह भी सच है कि ओमप्रकाश वाल्मीकि शोध और आलोचना के व्यक्ति नहीं थे। वह मूलतः कवि और कथाकार थे। जाहिर है वह किसी के कहने से ही आलोचना के क्षेत्र में उतरे हों। यही कारण रहा कि आलोचना के क्षेत्र में उनकी चाल में लहक स्पष्ट दिखाई देती है। मैंने पहले भी कहा हैं कि जिस गति से उनका कहानी लेखन या आत्मकथा लेखन चर्चा में रहा वैसा वह कविता के क्षेत्र में नहीं कर पाये। शुरू-शुरू के कविता संग्रहों, जिनमें सदियों का सन्ताप

और बस्स, बहुत हो चुका ही कुछ कविताएँ चर्चा में रही हैं। जैसे कि शायद आप जानते हों वे भूखे हैं, तब तुम्हें कैसा लगेगा।

कहानी संग्रहों में 'घुसपैठिये' और 'सलाम हिन्दी' दलित साहित्य की अमर कृतियाँ हैं। जब-जब हिन्दी दलित साहित्य की चर्चा होगी, ओमप्रकाश वाल्मीकि को हमेशा आदर के साथ याद किया जायेगा।

—'आजकल', जनवरी 2014

दलित वीर और वीरांगनाओं पर भी ध्यान दें

भारतीय आजादी के इतिहास को दर्शाने के मौके पर देश के इतिहासकार और लेखक दलित वीर और वीरांगनाओं की कुरबानी एवं उनकी वीर गाथाओं को उजागर करने की बजाय उस पर पर्दा डालने का काम करते रहे हैं। इन वीर और वीरांगनाओं की सूची बहुत लम्बी है और उनका इतिहास भी बहुत गौरवशाली रहा है। लेकिन भारतीय इतिहास को पढ़ने से यह स्पष्ट हो जाता है, कि देश के दलितों व आदिवासियों के गौरवशाली इतिहास को रेखांकित करते समय गैर-दलित लेखकों के शब्द चुक जाते हैं या कहें कि इनकी कलम की स्याही सूख जाती है। अब तक इनके द्वारा लिखित झूठ एवं भ्रामक तथ्य कदम-कदम पर पकड़ा जाता रहा हैं। रानी झाँसी का किस्सा तो बहुत पहले उजागर हो ही चुका है। अतः कुल मिलाकर गैर-दलित इतिहासकारों की नज़रों में कोरी जाति से सम्बन्ध रखने वाली महिला झलकारी बाई भला वीरांगना कैसे हो सकती है।

जलियाँवाला बाग घटना की आज भी बड़े जोर-शोर से चर्चा की जाती है और प्रत्येक वर्ष इस घटना को याद किया जाता है। लेकिन सत्य तथ्य को दर्शाने से गैर-दलित बगलें झाँकने लगते हैं या फिर चुप्पी साध कर रह जाते हैं। ये आज भी जानबूझ कर सच्चाई को सामने लाना नहीं चाहते क्योंकि उस जलियाँवाला बाग में ब्रिटिश हुकूमत की आज्ञा का उल्लंघन करने वाले गैर-दलित नहीं थे। उस दिन यानि 13 अप्रैल, 1919 को आजादी के दीवानों की सभा बुलाने वाला महान कंन्तिकारी दलित योद्धा नत्यू धोबी था। उस दिन उस सभा में भारी संख्या में जुझारू दलित कार्यकर्ता ही शामिल हुए थे, इस बात का सबूत जनरल डायर के वे आँकड़े हैं जो यह दर्शाते हैं कि उस कांड में मारे गये 200 लोगों में से 185 दलित समाज के लोग थे। दिल को दहला देने वाले इस कांड में अंग्रेजी फौज की गोलियों के शिकार हुए दलितों में सभा संयोजक नत्थू धोबी, बुद्धराम चूहड़ा, मंगल मोची, दुलिया राम धोबी आदि प्रमुख अमर शहीद रहे हैं। लेकिन जलियाँवाला बाग की चर्चा करते हुए इतिहासकार और लेखक इस तथ्य से आँखें मूँदे रहते हैं।

12 अगस्त, 1942 के दिन इलाहाबाद की कोतवाली पर लगे यूनियन जैक झण्डे

को उतार कर उसकी जगह भारतीय तिरंगा झंडा फहराने वाला अमर बलिदानी भारत माँ का सपूत ननकू होला था। एक महत्त्वपूर्ण उदाहरण और भी है। औरंगजेब के कब्जे से सिक्खों के नौवें गुरु तेग बहादुर सिंह का सिर लाने का जौहर दिखाने वाला भाई जैता (जीवन सिंह) के छोटे भाई संगत सिंह ने भी इस आन्दोलन में सहयोग देते हुए अपने प्राणों की बाजी लगा दी थी।

गुरु गोविन्द सिंह के लिए उनके आदेश का पालन करते हुए जो पंज-प्यारे बलिदान देने के लिए आगे आये उनमें से तीन दलित समाज के ही योद्धा थे। चौरी-चौरा कांड को ही लें, इस कांड में क्रान्तिवीर रामपति चमार के नेतृत्व में 5 फरवरी 1922 को ब्रिटिश हुकूमत की चूलें हिला देने वालों में आजादी के दीवाने पाँच हजार दलितों की उग्र भीड़ ने थाने में आग लगाकर 23 पुलिस कर्मियों को मौत के घाट उतार दिया था। अंग्रेजी गजट में दर्ज इस कांड में 272 लोगों का चालान तथा 228 को सेशन के सुपुर्द कर दिया गया। क्रान्तिवीर रामपति चमार, सम्पत चमार, दुधई राज सहित 19 भारत माँ के दलित सपूत 2 जुलाई, 1923 ईस्वी को फाँसी पर झूल कर अमर हो गये, जबकि 14 सपूतों को आजीवन कारावास की सजा मिली। 38 लोग रिहा हुए और शेष को 2 से 8 वर्ष तक की सजा हुई। इन सजा पाने वालों में से भी छोटूराम पासी, अयोध्या चर्मकार, कुल्लू चर्मकार, अलगू पासी, फुलई, बिरजा, गरीबा, रामसरन पासी, जगेसर, नोहर, मड़ी चर्मकार, रघुनाथ पासी, रामजस पासी आदि प्रमुख रहे।

इस देश की दलित वीरांगनाएँ भी स्वाभिमान की रक्षा एवं देश की आजादी में अपना जौहर दिखाने में पीछे नहीं रही हैं। भारत माँ को अंग्रेजी की गुलामी से मुक्त कराने के लिए अपने जीवन का बलिदान देने वाली मेरठ वाली अमर शहीद वीरांगना महाबीरी देवी दलित ही थी। महाबीरी देवी अपने नाम के अनुरूप बड़ी निडर एवं साहसी थीं, उसने बर्बर अंग्रेजों की फौज के 18 सैनिकों को मौत के घाट उतारा था, लेकिन कितनी हैरानी की बात है कि वीर योद्धा मातादीन हेला की तरह से वीरांगना महाबीरी देवी को भी इतिहास से बिसरा दिया गया है, जबकि होना यह चाहिए था कि समय-समय पर देश के सभी वीर और वीरांगनाओं को श्रद्धापूर्वक याद किया जाना चाहिए।

—'दलित दस्तक', मई 2014

साहित्य की कसौटियों में बदलाव

आज के दौर में लेखन का एक सशक्त ऊर्जा स्रोत है दलित पीड़ा और इस पीड़ा के दंश को वही जान सकता है जिसने इसे भोगा या सहा हो। दलित साहित्य का लिखने का उद्देश्य भी यही है कि समस्त समाज के लोग इसे पढ़ें और अपने इर्द-गिर्द बुने हुए साजिशी जाल को समझें।

दलित साहित्य किसी को चिढ़ाने या गुस्सा दिलाने के लिए नहीं लिखा जा रहा है। यह लेखन शब्दों का जाल नहीं बुन रहा और न ही शब्दों की जुगाली करता है। कविता कहानी या फिर चाहे आत्मकथा हो, परिदृश्यों में सहजता और स्वाभाविकता कायम रखना दलित लेखन का शिल्पगत गुण है। दलित जब लिखेगा सच ही लिखेंगा। प्रो. काशीनाथ सिंह के शब्दों में–'दलित आत्मकथाएँ पीड़ा संघर्ष और क्रोध का मिला-जुला अभिनव स्वर है, जिसे साहित्य के जनतन्त्र में न पहले देखा गया और न ही सुना गया था..., दलित आत्मकथाओं ने पाठकों को गहरे तक छुआ है, झिंझोड़कर रख दिया है पाठकों को यह भी सच है कि दलित लेखक होने के साथ- साथ वह एक सामाजिक कार्यकर्ता भी है। इनकी लेखनी अम्बेडकरवादी आक्रामकता संवाद के लिए उकसाती है, किसी को चिढ़ाने या भगाने के लिए नहीं। दलित लेखन सत्य के धरातल पर बेहद दिलचस्प, बेधड़क, मार्मिक एवं कुनैन की तरह कड़वा है। सभ्य समाज के आडम्बरयुक्त चरित्रों को यथार्थ का आईना दिखाता है दलित लेखन।

दलित लेखन दोहरे व तिहरे शोषण की जानकारी देता है। यह आत्म-सम्मान की बात करता है, यह भाईचारे एवं बराबरी की बात करता है। यह इंटरनेशनल कन्सर्न का मामला है। इससे पहले जो भी भारतीय साहित्य था, वह सौन्दर्यशास्त्रीय कसौटियों पर कसा जाता था। यह पहली बार दलित साहित्य ने किया है कि उसने कसौटियाँ ही बदल दीं। अब सौन्दर्यशास्त्र की जगह समाजशास्त्र प्रमुख हो गया है। दलित लेखन को समझने के लिए समाजशास्त्र की भूमिका बढ़ गयी है। सीधे शब्दों में कहें कि दलित साहित्य अस्मिता का साहित्य बन गया है।

दलित लेखन ने भारतीय साहित्य को समृद्ध और मजबूती प्रदान की हैं।

साहित्यिक पत्र-पत्रिकाओं में दलित लेखन की खूब चर्चा रही है। यह भारतीय साहित्य के लिए शुभ संकेत है कि दलित साहित्य अब देश के विभिन्न विश्वविद्यालयों के पाठ्यक्रम में लगाया जाने लगा है। इसका विदेशी भाषाओं में भी अनुवाद हुआ है। दलित लेखन जिसमें मुख्यतः दलित आत्मकथा की विशेषता है उसकी प्रामाणिकता। इसी विशेषता के कारण ही दलित आत्मकथाएँ, गैर-दलित आत्मकथाओं से एकदम भिन्न हैं। दलित लेखकों ने अपने जीवन के यथार्थ को पूर्ण-रूपेण बेपर्दा किया है।

दलित लेखन ने साबित कर दिया है कि दलितों की वेदना ही दलित-साहित्य की जन्मदात्री है। यह एक व्यक्ति विशेष की वेदना नहीं है और न ही यह एक दिन की हैं, यह वेदना हजारों की है और हजारों वर्षों की है। इसीलिए यह व्यक्त होते हुए समूह स्वरूप व्यक्त होती हैं। दलित लेखन ने भारतीय साहित्य को फिर से तो समृद्ध किया ही है, इसके साथ इस लेखन ने भारतीय साहित्य को नये अनुभव 'नये शब्द' नये नायक, नयी दृष्टि और वेदना-विद्रोह का रसायन दिया है। इतना ही नहीं, इस लेखन ने तो भारतीय साहित्य समीक्षा को आत्म-परीक्षण करने के लिए लगा दिया है और पाठक-समीक्षकों के लिए मन में मूलभूत प्रश्न पैदा किये हैं।

आजीवक कबीर और रविदास की तरह एक बार फिर से दलित लेखन ने भारतीय साहित्य में नयी और विशिष्ट साहित्यिक धारा का संचार किया है। दलित लेखन के कारण भारतीय साहित्य की समीक्षा का क्षितिज विस्तृत हुआ है, और यह पाठकों की अभिरुचि बदलने में सहायक हुआ है।

जैसे भक्ति-काल में कबीर, रैदास, सदना, पीपा आदि के लेखन का उचित मूल्यांकन नहीं हुआ इसी तरह आज के दौर में दलित जातियों में जन्मे और उनके द्वारा किये गये लेखन की उपेक्षा करने का प्रयास जब-तब किया जाता है। लेकिन अब दलित लेखन को साहित्यकारों या समीक्षकों द्वारा किसी भी प्रकार से भारतीय लेखन से हरगिज बाहर नहीं किया जा सकता, क्योंकि कलम धीरे-धीरे ही सही अब मजबूत हाथों में आ रही है।

—'लोकमत समाचार', नागपुर, मार्च 2014

हिन्दी दलित आत्मवृत्तान्त

हिन्दू समाज में हाशिए पर अलग-थलग पड़े समाज के लिए हिन्दू व्यवस्था या दूसरे शब्दों में कहें वर्ण-व्यवस्था ही जिम्मेदार है। हिन्दूवादी व्यवस्था बाहर से जितनी सुन्दर और अच्छी दिखती है, सचमुच अन्दर से उतनी ही घिनौनी और खोखली है। स्कूल और कॉलिजों में शुरू से ही यही पढ़ाया जाता है कि हमारा देश एक कृषि-प्रधान देश है। यदि इसके साथ-साथ यह और जोड़ दिया जाता कि भारत एक जाति-प्रधान देश भी है तो भला इस व्यवस्था के पालनहारों का क्या चला जाता। यहाँ मनुष्य की पहचान उसके गुण या दोष से नहीं जाति से होती है। तभी तो देश के एक प्रमुख हिन्दी आलोचक ने भरी सभा में जहर उगलते हुए कहा–'तुलसीराम भी चमार और धर्मवीर भी चमार।' क्योंकि वह दलितों में उभरे इन सशक्त रचनाकारों को पचा नहीं पा रहे हैं।

एक बात और गला फाड़-फाड़कर कही जाती है जिसे सुनते-सुनते इस देश के दलितों के कान पक गये हैं। हिन्दी साहित्य में शुरू से लेकर आज तक लेखकों द्वारा ग्रामीण जीवन के बारे में बड़े गर्व से अपनी कविताओं, कहानियों व उपन्यासों में यथार्थ से कोसों दूर का वर्णन देखने व पढ़ने को मिलता है कि भारत के गाँव स्वर्ग हैं और वहाँ भारतीय आत्मा निवास करती है।' मैं ऐसे लेखकों को न्यौता देता हूँ कि आओ, मेरे साथ चलो भारत के गाँवों में और वहाँ चन्द रोज के लिए भंगी, चमार, महार या डोम बनकर रहो तब पता चलेगा कि भारत के गाँव कैसे स्वर्ग हैं और वहाँ के गली-मोहल्लों में कैसी भारतीय आत्मा निवास करती है। दो ही दिनों में नानी याद आ जायेगी। और चक्कर-घिन्नी खाकर माथा पकड़ कर एक ओर को बैठ जाओगे।

आज हिन्दी के दलित लेखक आत्मकथाओं के माध्यम से जब अपनी बात रख रहे हैं तो उनके ऊपर तरह-तरह के आरोप लगाकर उनके लेखन को खारिज करने के प्रयास किये जा रहे हैं–'अरे इन हाशिये पर पड़े समाज के लोगों का आक्रोश व्यक्त करने, रोने-धोने व चीखने-चिल्लाने के सिवाय कुछ आता ही नहीं है। इसी तरह की बातें करके सब कुछ गड्ड-मड्ड करने का प्रयास हमेशा से होता रहा है। जो आजतक

जारी है। सैकड़ों वर्षों से मानों हिन्दी लेखन में सब ठीक-ठाक चल रहा था। जैसे ही दलित लेखकों ने कलम पकड़ कर अपने दुःख-दर्द को व्यक्त करना शुरू किया कि बस मच गया बवाल—'अरे, हम क्यों नहीं लिख सकते दलित साहित्य, क्या दलितों पर लिखने के लिए दलित होना ज़रूरी है।' अरे भाई, आजतक गैर-दलित लेखक ही तो दलितों पर लिख रहे थे। लेकिन कितनी हैरानी की बात है, हिन्दी के किसी गैर-दलित लेखक ने आजतक कोई ऐसी कविता, कहानी, उपन्यास या आत्मकथा क्यों नहीं लिखी जिसे देश के दलितों ने सहर्ष स्वीकार किया हो और अपना माना हो। इतने दिनों से गैर-दलितों की ओर से 'जूठन' अपने-अपने पिंजरे, तिरस्कृत, सन्तप्त, बचपन मेरे कन्धो पर, घुटन, मेरी पत्नी और भेड़िया, दोहरा अभिशाप, मुर्दहिया' व शिकंजे का दर्द जैसी रचनाएँ क्यों नहीं आयीं।

अब समय बदल रहा है, देश के दलित समुदाय में शिक्षितों का एक बड़ा वर्ग तैयार हो गया है जो द्विजों द्वारा लिखे साहित्य की असलियत समझता है और अब चनौती की मुद्रा में है। दलित रचनाकारों का अंडबंड साहित्य लिखने वालों के सारे ढोंग, सारे आडम्बर अब समझ में आ गये हैं और दलित उन्हें नकार देने की घोषण ाा कर चुके हैं।

दलित पीड़ा के दंश को वही जान सकता हैं, जिसने इसे भोगा या सहा हो। दलित आत्मकथाओं के लिखने का उद्देश्य भी यही है, कि समस्त समाज के लोग इन्हे पढ़ें और अपने इर्द-गिर्द बुने हुए साजिशी जाल को समझें। ये आत्मकथाएँ किसी को चिढ़ाने या गैर-दलितों को गुस्सा दिलाने के लिए नहीं लिखी जा रही हैं और न ही ये शब्दों का जाल बुनती हैं। परिदृश्यों में सहजता और स्वाभाविकता कायम रखना इन आत्मकथाओं का शिल्पगत गुण है। दलित आत्मकथाकार शब्दों पर मुलम्में नहीं चढ़ाते। दलित जब लिखेगा, सच ही लिखेगा।

दलित आत्मकथाएँ समय और समाज के उस झूठ का चित्रण करती हैं, जहाँ धर्म की सहिष्णुता और सौहार्द के यशोगान हजारों साल से गूँज रहे हैं। दलित आत्मकथाएँ आज एक जीवन्त विधा हैं। ये सत्य के धरातल पर बेहद दिलचस्प, बेधड़क, मार्मिक एवं कुनैन की तरह कड़वी हैं। सभ्य समााज के आडम्बरयुक्त चरित्रों को यथार्थ का आईना दिखाती हैं दलित आत्मकथाएँ। इन आत्मकथाओं ने दलित साहित्य को समृद्ध और मजबूत किया है। विभिन्न साहित्यिक पत्र-पत्रिकाओं में इन आत्मकथाओं की खूब चर्चा रही है। इनकी मुख्य विशेषता है इनकी प्रामाणिकता। प्रामाणिकता की विशेषता के कारण ही तो दलित आत्मकथाएँ गैर-दलित आत्मकथाओं से एकदम भिन्न है। दलित आत्मकथाकारों ने अपने जीवन के यथार्थ को पूर्णरूपेण बेपर्दा किया है। गैर-दलित आत्मकथाकार ऐसी आत्मकथाएँ लिखकर तो दिखाएँ। जिस सच्चाई का बयान गैर-दलित लेखक अतिरिक्त साहस जुटाकर

भी नहीं कर सकते, उसी सच्चाई को दलित लेखकों ने आत्मकथाओं द्वारा सहज भाव से व्यक्त करके दिखा दिया है। और हाँ एक और महत्त्वपूर्ण बात, गैर-दलित लेखक दलित आत्मकथाओं में भाषागत लालित्य न होने का आरोप भले ही लगाते रहें, लेकिन दलित जीवन के यथार्थ की ईमानदार अभिव्यक्ति का सहज आकर्षण और संघर्ष का सौन्दर्य तो इनमें होता ही है।

—'लोकमत समाचार', नागपुर, 18 अक्टूबर 2015

परिशिष्ट

दलित विमर्श के अन्तर्विरोध

पिछले लगभग एक दशक से हिन्दी साहित्य में दलित साहित्य ने अपनी उपस्थिति जितनी तेजी और मुखरता के साथ दर्ज कराई है, वह अनायास नहीं है। हिन्दी साहित्य में दलित साहित्य की उपेक्षा वर्षों से महसूस की जा रही थी क्योंकि भारतीय समाज की ब्राह्मणवादी व्यवस्था में दलित नायकों की उपेक्षा की तरह दलित साहित्य भी वर्षों तक ब्राह्मणवादी सोच के चलते हिन्दी साहित्य की मुख्यधारा से कटा रहा। हिन्दी साहित्य में भारतीय समाज के इस सबसे बड़े लेकिन सबसे तिरस्कृत समाज के नायकों का उल्लेख एक सोची-समझी साजिश के तहत नकारा जाता रहा। समाज को एकसूत्र में पिरोने की उनकी कोशिशों को वर्ण व्यवस्था की दुहाई देकर दर-किनार किया जाता रहा। नतीजतन हुआ यह कि दलितों को न केवल सामाजिक व्यवस्था के हाशिए पर रहने के लिए विवश होना पड़ा अपितु उनके नायकों की आवाज भी नहीं सुनी गयी। धीरे-धीरे भारतीय समाज के ब्राह्मणवादी सोच के रचनाकार दलितों की व्यथा, उनकी पीड़ा और उनकी उपेक्षाओं को अपनी मर्जी से प्रस्तुत करने लगे और एक समय ऐसा भी आया जब दलितों के दुःखों को बयान करने का जिम्मा भी इन्होंने अपने सिर ओढ़ लिया, जो सदियों से आज भी चला आ रहा है। इसीलिए प्रायः कहा जाता है कि हिदी साहित्य में भारतीय समाज के इस उपेक्षित समाज का जो वर्ग प्रतिनिधित्व करता आ रहा है, उसके लेखन में या तो दलितों के प्रति मात्र सहानुभूति का भाव था, या दूर से एक पर्यटक की भाँति बाह्य क्रिया-कलापों को दर्शाया गया था। उनके आहत अन्तर्मन को गम्भीरता से बाँचने की कभी कोशिश ही नहीं की गयी। और आज जब दलितों ने स्वयं अपनी पीड़ा को अभिव्यक्ति देने का प्रयास किया है तो उसी वर्चस्ववादी वर्ग में आकुलता और बेचैनी साफ देखी जा रही है।

इधर समय-समय पर न केवल कुछ पत्र-पत्रिकाओं और राष्ट्रीय दैनिकों ने दलित विमर्श को केन्द्र में रखकर अपने-अपने विशेषांक निकालकर दलित साहित्य को हिन्दी साहित्य की मुख्यधारा में लाने की जो सफल कोशिश की है, वह स्वागत योग्य है। यहाँ तक कि कुछ दलित लेखक पत्रकारों ने न केवल दलित साहित्य पर शोध किये हैं, बल्कि उनकी पुस्तकें भी प्रकाशित हुई हैं। इन विशेषांकों ने जहाँ

दलित विमर्श को एक नया आयाम प्रदान किया हैं। वहीं हिन्दी जगत के सुधी पाठकों को एक नयी धारा भी प्रदान की है, चूँकि दलित वर्षों से सामाजिक-आर्थिक शोषण और भेदभाव का शिकार होते आ रहे हैं। इसलिए इसमें आश्चर्य नहीं होना चाहिए कि उनकी रचनाओं में इस भेदभाव के विरुद्ध उनके लिए दबी हुई आग बाहर न निकले। फलस्वरूप आज दलित साहित्य के रूप में रचनाओं का बहुलता से प्रकाशन हो रहा है। जहाँ उस साहित्य के माध्यम से एक ओर दलित मनःस्थिति से हिन्दी का पाठक रू-ब-रू हो रहा है, वहीं दूसरी ओर मौजूदा दलित विमर्श को लेकर एक ऐसा कोहरा छाया हुआ है, जिसमें अनेक प्रश्न, अनेक मुद्दे और अनेक भ्रांतियाँ मौन साधे खड़े हैं। दलित विमर्श के आलोक में सबसे अहम सवाल आज भी जस का तस बना हुआ है जिसका न तो अभी तक दलित बुद्धिजीवियों द्वारा कोई सन्तोषजनक जवाब दिया गया है, और न ही गैर-दलित बुद्धिजीवी कोई तर्क जुटा पाये हैं कि आखिर दलित किसे माना जाये? उन्हें जो जन्म से अवर्ण हैं, और जिन्हें हिन्दू समाज में व्याप्त वर्ण-व्यवस्था के आधार पर शूद्र माना गया है? इस सवाल को थोड़ा और खुलकर व्यापक बनाते हुए कहा जाये तो उचित होगा कि या केवल उन्हें जिन्हें संवैधानिक आधार पर शिक्षा और नौकरियों में आरक्षण प्राप्त है, या उन्हें भी दलित माना जाये जिनका दलन इन दलितों की तरह आज भी जारी है। अब चाहे यह दलन शस्त्र (शक्ति) द्वारा किया जा रहा हो या शास्त्र द्वारा बात एक ही है। कमोबेश दलित साहित्य की भी यही स्थिति है क्योंकि दलित समाज की अवधारणा में इस विभाजन से दलित बुद्धिजीवियों में न केवल दलित परिभाषा को लेकर एक भ्रम बना हुआ है, बल्कि इस परिभाषा को भी लेकर मतभेद हैं। इसीलिए दलित बुद्धिजीवी अपनी-अपनी समझ और सुविधानुसार इस परिभाषा को नये-नये अर्थ देने में लगे हुए हैं। यही एक कारण भी है कि इन्हीं भ्रांतियों के चलते हिन्दी का दलित साहित्य मराठी की अपेक्षा अपना पथ प्रशस्त करने में कठिनाई महसूस कर रहा है, क्योंकि हिन्दी के दलित लेखक ने मॉडल तो मराठी साहित्य का ले लिया मगर इनमें मराठी लेखकों की तरह ऊर्जा, विचार और प्रतिबद्धता का अभाव साफ दिखाई देता है। मराठी दलित साहित्य में सवर्णों पर सीधे-सीधे प्रहार करने के बजाय उन्होंने अपनी पीड़ा और सन्ताप को शिद्दत के साथ अभिव्यक्ति प्रदान कर यह साबित किया है कि व्यवस्था के बजाय व्यवस्था निर्माताओं को घृणा का पात्र बनाया जाये। मगर हिन्दी दलित साहित्य में आक्रोश और आत्मालाप अधिक झलकता है, जबकि बकौल डॉ. धर्मवीर के होना यह चाहिए कि वर्ण व्यवस्था से शिकायत करने की अपेक्षा उनके जनक से दो-दो हाथ करें। यदि ब्राह्मण इस व्यवस्था के लिए जिम्मेदार हैं, तो उसे वर्ण-व्यवस्था का ऐसा घिनौना पात्र सिद्ध कर दें कि ब्राह्मण थर-थर काँप उठे। लेकिन क्या यह सम्भव है? इसका 'क्या' का जवाब शायद हमारे

दलित बुद्धिजीवियों के पास हो! बेशक ब्राह्मण इस व्यवस्था के लिए जिम्मेदार हैं, लेकिन इसकी जड़ें उन्होंने पूरे समाज में इतने गहरे तक पिरो दी हैं कि जो दलित सत्ता, राजनीति या साहित्य में अपनी पैठ बना लेते हैं, उनकी भी वहीं मानसिकता हो जाती है जिसके विरुद्ध उन्होंने कभी आवाज उठाई थी। फलस्वरूप अपने ही समाज में उनका आचरण ब्राह्मणवादी सोच के उन्हीं लोगों के समान हो जाता है, जिन्होंने इस व्यवस्था का निर्माण किया था। उन्हें लगता है कि सवर्णों के समकक्ष आये बिना समाज में उन्हें वह रुतबा प्राप्त नहीं होगा, जिसकी उन्हें अपेक्षा है।

वास्तविकता तो यह है कि दलित-विमर्श पर एक ऐसी धुन्ध छायी हुई है, जिसे ईमानदारी के साथ पोंछने की कभी कोशिश नहीं की गयी बल्कि इस धुन्ध में परस्पर एक ऐसा छाया-युद्ध छिड़ा हुआ है। जिसमें वार जहाँ होना चाहिए, वहाँ न होकर वह अपने ही ऊपर हो रहा है। जो कोशिश हो भी रही है थोड़ी-बहुत, वही सदेह के घेरे में आ जाती है। इसका ताजा उदाहरण हैं, 'दलित साहित्य 1999' का सम्पादकीय जिसमें सम्पादक ने अपनी चिन्ता दलित-विमर्श के गहन सरोकारों के प्रति कम, साहित्य में मची हुई बन्दरबाँट को लेकर अधिक प्रकट की है। उनकी असली चिन्ता यही है कि कैसे इस बन्दरबाँट में दलितों को भी हिस्सेदार बनाया जाये? सच पूछा जाये तो वस्तुस्थिति है भी यही कि हिन्दी साहित्य की तरह दलित साहित्य में वर्चस्वता को लेकर एक शीतयुद्ध छिड़ा है ताकि उसके सहारे ब्राह्मणवादी सोच के सवर्ण लेखकों के बगल में बैठा जा सके। ठीक राजनैतिक वर्चस्वता की तरह। जिस तरह पिछड़ों के नाम पर भारतीय राजनीति में कुछ ही विशिष्ट जातियों का वर्चस्व है, उसी तरह दलितों के नाम पर भी कुछ ही विशिष्ट जातियों का वर्चस्व है। धीरे-धीरे यही वर्चस्व राजनीति से होता हुआ उन सभी क्षेत्रों में फैल गया जिनमें राजनीति में प्रवेश के बिना पहुँचना मुश्किल था। चूँकि साहित्य राजनीतिक प्रभावों से मुक्त नहीं हो सकता इसलिए साहित्य में साहित्य कम राजनीति अधिक होने लगी है। पिछडों के नाम पर जिस भारतीय राजनीति में एक विशिष्ट जाति का ही एकाधिकार है, उसकी प्रतिच्छाया दलितों में भी साफ देखी जा सकती है। जिस तरह पिछड़े होने का अर्थ केवल यादव है, उसी तरह दलित होने का अर्थ केवल जाटव है। यदि समानांतर दृष्टि से देखा जाये तो पिछड़ों के नाम पर यादव और दलितों के नाम पर जाटव इन्हीं दो विशिष्ट वर्गों का सभी क्षेत्रों में आधिपत्य और एकाधिकार बना हुआ है। आज भी अधिकतर अति पिछड़ी जातियाँ और अति दलित वर्ग अपने आपको देश की मुख्य धारा से जोड़ पाने में असहाय हैं। दोनों वर्गों में यही विशिष्ट वर्ग पिछड़ो और दलितों के नाम पर प्रतिनिधित्व करता आ रहा है। इसलिए वर्चस्व की इस लड़ाई में जो जीत हासिल करने की स्थिति में है। वह नित नयी-नयी स्थापनाओं और प्रतिमानों को खोज रहा है। जो इसे प्राप्त करने में किसी भी तरह सफल नहीं हो पा रहा है, वह

आरोप-प्रत्यारोपों की बौछार कर उनके नजदीक पहुँचने के प्रयास में जुटा हुआ है। उसकी चिन्ता अपने समाज व अपने साहित्य की शुचिता को कायम रखने की नहीं अपितु कम या कुछ न हासिल होने का मलाल अधिक है। उसकी चिन्ता साहित्य में व्याप्त चाटुकारिता और माफियाओं को लेकर है, न कि इससे टकराने की है। इसकी चिन्ता उस समितियों के अध्यक्ष और सदस्यों को लेकर है जो फैलोशिप, स्कॉलरशिप व देश-विदेश भिजवाने में अपनी भूमिका निभाते हैं। उसकी चिन्ता सबसे अधिक उस समूह के प्रति है जो प्रतिष्ठा और सम्मान के साथ-साथ करोड़ों रुपये के बजट आपस में मिल-बाँटकर डकार रहा है तथा उसकी सबसे बड़ी एक चिन्ता यह भी है, कि दलितों को इस बन्दरबाँट में कुछ नहीं मिला, चूँकि यह राष्ट्र का पैसा है और दलित भी राष्ट्र का हिस्सा हैं इसलिए किसी भी रूप में सारा का सारा लाभ गैर-दलितों तक सीमित नहीं रहना चाहिए। अतः साहित्य के नाम पर करोड़ों रुपये के सरकारी धन की इस बन्दरबाँट में दलितों का भी हिस्सा होना चाहिए।

उपरोक्त सम्पादकीय के इस अक्षर को पढ़कर पहली बार महसूस हुआ कि यश की चाह और लूट तन्त्र की इस व्यवस्था ने किस कदर हमारी सोच को कुन्द कर दिया है। स्याह और सफेद का अन्तर तक समाप्त कर दिया। सम्पादक को भूलना नहीं चाहिए कि सृजन यश और धनार्जन का माध्यम नहीं है। वास्तव में दोष इसमें इन सम्पादक महोदय का भी नहीं है, दरअसल हमारे समाज का तन्त्र ही ऐसा रूप धारण कर चुका है कि जिसे कुछ हासिल नहीं हुआ उसे लगता है हर तरफ भ्रष्टाचार, भाई-भतीजावाद, असमानता फैली हुई है। लेकिन इस बन्दरबाँट के लिए सम्पादक ने साहित्य को ही क्यों चुना? क्या उसके लिए अन्य क्षेत्र नहीं है जहाँ इस बन्दरबाँट में आसानी से हिस्सा मिल सकता है?

इधर दलित समाज में व्याप्त जातिगत भेदभाव को लेकर भी एक नयी बहस शुरू हो गयी है कि क्या दलितों में भी जातिगत भेदभाव होता है? देखने और कहने के लिए ऐसा लगता नहीं है मगर भारतीय समाज में जातिगत भेदभाव जैसा बरसों पहले था, उससे कहीं अधिक आज है। यह भेदभाव बराबर हमें खुलेआम राजनीतिक मंचों पर देखने को मिल जाता है। इस बहस को नया मोड़ दिया है ओमप्रकाश वाल्मीकि की कहानी 'शवयात्रा' ने जो इंडिया टुडे (जुलाई 1998) में प्रकाशित हुई थी। यह सही है कि हर लेखक के अनुभव उसकी पीड़ा अपने समाज पर तथा अपने परिवेश पर आधारित होते हैं। इसीलिए गैर-दलितों की अपेक्षा पिछड़ों के अनुभव गैर-दलितों से अलग हैं और दलितों के पिछड़ों से अलग हैं। इसलिए वाल्मीकि ने अपनी इस कहानी के प्रकाशित होने के बाद दलित बुद्धिजीवियों द्वारा व्यक्त की गयी तीखी प्रतिक्रियाओं के जवाब में कहा था कि दलितों में भी ब्राह्मणवादी सोच बहुत गहरे तक जड़ जमाये हुए हैं। वे जिस बात के लिए गैर-दलितों का विरोध करते हैं, उसी बात को स्वयं

अपने भीतर छिपाये बैठे हैं। यह कहानी किसी विशिष्ट वर्ग के विरुद्ध लिखित कहानी नहीं है अपितु दलितों में बैठी ब्राह्मणवादी उस सोच का विरोध करती है और एक ऐसे समाज की आकांक्षा को बल देती है जहाँ सभी दलित एकजुट हों और एक-दूसरे के दुःखों को बाँटकर एकजुट होकर संघर्ष करें। वाल्मीकि के इस कथन में उनकी वह पीड़ा साफ झलकती है कि जिस वर्ण व्यवस्था या ब्राह्मणवादी सोच के खिलाफ वे अन्य दलितों के साथ कन्धे से कन्धा मिलाकर प्रतिरोध करने का आह्वान करते हैं, वही व्यवस्था और सोच उनका अपनों के बीच रहते हुए भी पीछा नहीं छोड़ रही है। वाल्मीकि शायद भूल रहे हैं कि जिस वर्ग के बुद्धिजीवी उनका विरोध कर रहे हैं या उन पर जातिगत भेदभाव बढ़ाने का आरोप लगा रहे है। वे उनसे श्रेष्ठ जाति के हैं। हालाँकि बाद में कुछ समझदार किस्म दलित चिन्तकों ने सच्चाई स्वीकारने के बजाय यह कहकर अपना पल्लू झाड़ लिया कि इस विवाद के पीछे उन ब्राह्मणवादी लेखकों का षड्यन्त्र है, जो दलितों को एकजुट होते हुए नहीं देख पा रहे हैं।

इसी कहानी के सन्दर्भ में सूरजपाल चौहान की आत्मकथा के कुछ अंश 'कल के लिए' के दलित साहित्य विशेषांक में पढ़े जा सकते हैं, जिसमें सूरजपाल चौहान ने अपनी जाति के लेखक पर की गयी टिप्पणियों का बेहद तल्खी से उल्लेख किया है। अपने इस अंश में उन्होंने लिखा है कि एक अंग्रेजी पत्रिका के लिए कुछ दलित साहित्यकारों को साक्षात्कार हेतु बुलाया गया। इस साक्षात्कार के लिए आने वाले साहित्यकारों में साहित्यकार तो थे ही अपितु कुछ ऐसे व्यक्ति भी थे जो न तो कहीं से दलित थे और न ही साहित्यकार। साक्षात्कार से पूर्व 'शवयात्रा' कहानी को लेकर जिस तरह कुछ दलित साहित्यकार विचलित थे और उन्होंने अपना रोष व्यक्त किया था वे निःसन्देह वाल्मीकि और चौहान से उच्चजाति के थे, जो वाल्मीकि को कोस रहे थे। एक दलित साहित्यकार ने तो अपनी श्रेष्ठता सिद्ध करते हुए यहाँ तक कह डाला कि हम तो वाल्मीकियों के घरों में बैठकर खूब खाना खाते हैक। उनके बोलने के ढंग से लग रहा था कि अपने आपको वह वाल्मीकियों से श्रेष्ठ साबित कर रहे थे। मुझसे जब सहन नहीं हुआ तो मैंने कहा कि ऐसा कहकर आप जातिवाद को बढ़ावा दे रहे हैं, जिस पर वहाँ का माहौल काफी तनावपूर्ण हो गया था। हाँ, श्यौराज सिंह बेचैन ने अवश्य ही सच्चाई स्वीकारते हुए कहा था कि हम जाटवों का व्यवहार वाल्मीकिं समुदाय के लोगों से कोई अधिक अच्छा नहीं रहा है तथाकथित सवर्ण जातियों की तरह हम भी कहीं न कहीं उनसे भेदभाव की दृष्टि रखते हैं। हमें अपने गिरेबान में भी झाँक कर देखना होगा। 'शवयात्रा' हमें यही सन्देश देती है।

इसी तरह 'दलित साहित्य 1999' में ही एक लेख में इसी कहानी के सन्दर्भ में तेज सिंह की टिप्पणी है—ओमप्रकाश वाल्मीकि ने कई वर्ष पहले 'कफ़न' को दलित विरोधी कह कर कटु आलोचना की थी और वे रातों-रात हिन्दी साहित्य में चर्चित

हो गये। जिस साहित्यिक मानदंड के आधार पर यानी दलित चेतना के आधार पर उन्होंने 'कफ़न' को दलित चेतना विरोधी कहानी कहा था। क्या उसी मानदंड के आधार पर 'शवयात्रा' कहानी को दलित चेतना विरोधी कहानी नहीं ठहराया जा सकता? निश्चित ही यह दलित चेतना विरोधी कहानी मानी जानी चाहिए क्योंकि वाल्मीकि ने इस कहानी की शुरुआत नकारात्मक दृष्टिकोण से की है।' आगे तेजसिंह स्वीकारते भी है कि 'यह सही है कि दलित जातियों में भी जातिगत भेदभाव व्याप्त है, पर यह समाज का मुख्य अन्तर्विरोध नहीं है, बल्कि गौण अन्तरर्विरोध हैं, जिसे सामाजिक परिवर्तन की प्रक्रिया में धीरे-धीरे खत्म किया जा सकता है। कहानी लिखकर वे दलित समाज के जातिगत भेदभाव को और बढ़ाने का काम ही कर रहे हैं। दरअसल शवयात्रा कहानी से बहुत ही दलित बुद्धिजीवियों में (विशेषकर जाटव बुद्धिजीवियों में) ठीक उसी तरह की बेचैनी हो रही है, जैसी दलित साहित्य को लेकर सवर्ण या ब्राह्मणवादी सोच के लेखकों में होती है, बल्कि चेतना शब्द को लेकर जो व्याख्या ऊपर की गयी है, वह भी सन्देह के घेरे में आ गयी है। वास्तव में देखा जाए तो तेजसिंह की चिन्ता, उनका आक्रोश और उनका दृष्टिकोण शवयात्रा के बहाने उसी अन्तर्विरोध को इंगित करती है, जिसकी ओर मेरा इशारा है। उनकी वास्तविक परेशानी इस कहानी में व्याप्त जातिगत भेदभाव को उजागर करने को लेकर नहीं है, अपितु इस तथाकथित दलित एकजुटता पर हुए प्रहार को लेकर है जिसके सहारे तेजसिंह जैसे संकीर्ण मानसिकतावादी लेखक दलित साहित्य में रातोंरात छा जाना चाहते हैं। क्या उनके अनुभवों को अपनी पीड़ा को अभिव्यक्ति प्रदान कर वाल्मीकि दलित समाज के जातिगत भेदभाव को बढ़ाने का कार्य कर रहे हैं? यदि पूरे भारतीय समाज में व्याप्त जातिगत भेदभाव तेजसिंह के लिए मुख्य अन्तर्विरोध हो सकता है, तो दलितों में जातिगत भेदभाव मुख्य अन्तर्विरोध क्यों नहीं हो सकता? जिस सामाजिक समरसता के लिए दलित साहित्य की परिकल्पना की होगी, क्या वह समरसता इन्हीं मुख्य या गौण अन्तर्विरोधों का शिकार होकर नहीं रह जायेगी? अच्छा हो यदि हम पूरे भारतीय समाज में गहरे तक जड़े जमा चुकी ब्राह्मणवादी सोच के साथ-साथ दलितों में भी व्याप्त जातिगत भेदभाव की जड़ों को भी काटें।

सच तो यह है कि दलित विमर्श पर इस धुन्ध में अभी भी बहुत कुछ साफ-साफ नहीं हैं। अपने समाज में शिखर पर पहुँचने की चाह ने उसे एक ऐसी दिशाहीनता प्रदान कर दी है कि तर्क-वितर्क की शक्ति भी भोंथरी हो गयी लगती है। इसका सबसे बढ़िया उदाहरण है 'दूसरी दुनिया का यथार्थ' (सम्पादिका रमणिका गुप्ता) में प्रकाशित रत्न कुमार सांभरिया की कहानी 'शर्त'। एक ओर जहाँ हिन्दी साहित्य में यह बहस छिड़ी हुई है। कि दलित और स्त्री दोनों का स्थान भारतीय समाज में एक जैसा है? यानी जहाँ दलित हमारे समाज में आज भी तिरस्कृत है, वहीं स्त्री भी

तिरस्कृत है। दोनों की स्थिति एक जैसी है अर्थात 'स्त्री' स्त्री है, चाहे वह किसी भी समाज की क्यों न हो। जब-जब हमारे समाज में वर्ग या वर्ण-संघर्ष की स्थिति पैदा होती है। सबसे अधिक स्त्री ही प्रताड़ित होती है। यहाँ तक कि साम्प्रदायिक दंगों की सबसे अधिक शिकार भी स्त्री ही होती है। मगर 'शर्त' कहानी सन्देश ही कुछ और देती है। इस कहानी के अनुसार यदि कोई दलित स्त्री सवर्ण पुरुष की हवस का शिकार होती है तो बदले में सवर्ण स्त्री के साथ दलित भी वही सलूक करे जो दलित स्त्री के साथ हुआ। कहने का तात्पर्य यह है कि लेखक बलात्कार जैसी घिनौनी समस्या का निदान एक लेखक के रूप में नहीं अपितु एक पुरुष के रूप में खोजता है और वह पुरुष भी कौन-सा ब्राह्मणवादी सोच के पोषक करने वाला पुरुष। कहानी में लेखक का नजरिया दलित सोच के अनुरूप न होकर एक पितृ-सत्तात्मक समाज के पुरुष का होकर उभरता है क्योकि पुरुष अहम का शिकार हुई तो स्त्री ही न। इस कहानी में व्याप्त पुरुष मानसिकता की स्वयं सम्पादिका ने भी खूब आलोचना की थी—इसलिए नहीं कि वे सवर्ण हैं बल्कि इसलिए कि वे स्वयं एक स्त्री हैं। मान लीजिए ऐसा कहीं हुआ भी तो क्या एक लेखक की भूमिका घटना को सिर्फ जस का तस प्रस्तुत करना है? क्या लेखक का नजरिया समाज सापेक्ष नहीं होना चाहिए?

इधर दलित साहित्य में एक और चलन प्रचलन में आया है और वह यह कि दलित बुद्धिजीवियों को जहाँ-जहाँ लगता है कि प्राचीन ग्रन्थों या पुरा-कथाओं में जो पात्र खलनायक थे, उन्हें दलित साहित्य में नायक के रूप में स्थापित करना। तर्क लगभग वही कि ब्राह्मण लेखकों ने जिन्हें खलनायक बनाया है वे तमाम नायक के रूप में दलित चेतना के साथ अपना सम्बन्ध जोड़ते हैं। कहा जा रहा है कि ब्राह्मण इन तमाम नायकों और योद्धाओं को खलनायक बनाने के अपराधी हैं, जो इस देश में जाति और वर्ग-विहीन समाज का निर्माण करना चाहते थे और जो ब्राह्मणों की वर्ण-व्यवस्था के विरोधी थे। हाल में दलित साहित्यकार माता प्रसाद का प्रबन्ध-काव्य प्रकाशित होकर आया है 'दिग्विजयी रावण' से। इस प्रबन्ध काव्य की समीक्षा 'दलित साहित्य 1999' में प्रकाशित हुई है, जिसमें इसके प्रमुख पात्र रावण को दलित साहित्य का अंग बताया गया है और कहा गया है कि इस प्रबन्ध काव्य ने रावण के रूप में ऐसा सशक्त पात्र दलित चेतना को दिया है, जो दलित सौन्दर्य शास्त्र को उनकी प्राचीनता के साथ-साथ नयी ऊर्जा भी प्रदान करता है। इसके पक्ष में यह तर्क दिया गया है कि हजारों वर्षों से चले आ रहे राम-रावण युद्ध की कथा की प्रासंगिकता का भी समाजशास्त्रीय अध्ययन किया जाये ताकि यह स्थापित हो सके कि भारत राष्ट्र की एकता को राम की आवश्यकता है अथवा रावण की? यदि उपरोक्त तर्क और स्थापना को सही मान लिया जाये तो कोई बड़ी बात नहीं कि अफगानिस्तान में शरण लिए हुए इस्लामी कट्टरपन्थी ओसामा बिन लादेन उड़ीसा में

निर्दोष ईसाई मिशनरियों के हत्यारे दारासिंह या फिर दाऊद इब्राहिम भी अपने-अपने समाज के नायक कहलाये जाने लगेंगे क्योंकि जहाँ एक ओर ओसामा बिन लादेन को विश्वभर में अमेरिका ने खलनायक बनाया है तो दारा सिंह पर यह आरोप है कि उड़ीसा में क्रिश्चिएनिटी को रोकने के लिए उसने ईसाई मिशनरियों को निशाना बनाया। दाऊद इब्राहिम पर आरोप लगाया गया है कि विवादास्पद ढाँचा ढहाये जाने के विरोध में उसने बंबई में बम धमाके कराये। कहने का आशय यह है कि एक व्यक्ति दूसरे समाज के लिए खलनायक है तो ज़रूरी नहीं कि वह अपने समाज के लिए भी खलनायक हो। यदि रावण जैसा पात्र कबीर, रैदास और अम्बेडकर जैसे महामानवों के समकक्ष स्थापित हो गया तो वह दिन दूर नहीं तब कबीर रैदास या अम्बेडकर जैसे महामानव गौण हो जायेंगे तथा हमारे समाज में रावण, ओसामा बिन लादेन या फिर दारासिंह जैसे पात्र स्थान ग्रहण कर लेंगे।

दलित परिभाषा को लेकर जो भिन्नताएँ हैं उसी का परिणाम है कि जहाँ गैर-दलितों में इस शब्द को लेकर भ्रम बना हुआ है वहीं, स्वयं दलित बुद्धिजीवी भी इसके प्रति पूरी तरह आश्वस्त नहीं हैं कि वे स्वंय किसे दलित मानें? शायद इसीलिए 'दलित' शब्द के प्रति पैदा हुई वे भ्रान्तियाँ तब और बलवती हो उठती हैं जब एक दलित लेखक कुछ स्थापनाओं को अपने-अपने विवेकानुसार प्रस्तुत करता है। मिसाल के तौर पर जनवरी, 1997 में राष्ट्रीय सहारा ने हिन्दी लेखन में दलित चेतना पर 'हस्तक्षेप' के अन्तर्गत एक परिशिष्ट निकाला। हो सकता है मैं जिस बात को पुख्ता तौर पर नहीं कह पा रहा हूँ वह इससे साफ हो जाये। इस परिशिष्ट में 'अखिल भारतीय दलित पत्रकारिता' शीर्षक से एक शोधपरक जानकारी के साथ-साथ लगभग चालीस प्रमुख दलित लेखक-पत्रकारों की सूची दी गयी है। जहाँ 'अखिल भारतीय हिन्दी दलित पत्रकारिता' शीर्षक से जानकारी उस समय के 'हिन्दी के दलित पत्रकारिता' विषय के शोधार्थी और वर्तमान में दलित साहित्यकार श्यौराज सिंह बेचैन ने प्रस्तुत किया है, वहीं दलित लेखक-पत्रकारों की सूची रजत रानी 'मीनू' ने प्रस्तुत की है। उस शोधपरक जानकारी के अन्तर्गत दलित पत्रकारिता के सम्बन्ध में इसके दूसरे पैरा में लिखा है कि 'दलित पत्रकारिता की पृष्ठभूमि के सन्दर्भ में यह उल्लेख करना समीचीन होगा कि हिन्दी में दलित पत्रकारिता के शुरुआती दौर में यानी 1924 में जात-पात तोड़क मंडल के मूर्धन्य हिन्दी सेवी सन्तराम बी.ए. की 'उषा' मासिक ने सामाजिक प्रश्नों को जगह दी।'

इसी तरह जिन चालीस लेखक-पत्रकारों की सूची दी गयी है उसमें ओमप्रकाश वाल्मीकि, डॉ. धर्मवीर, मोहनदास नैमिशराय, सूरजपाल चौहान, बर्राही, माता प्रसाद, डॉ. एन. सिंह, श्यौराज सिंह बेचैन, ललई सिंह यादव और डॉ. शान्ति यादव जैसे दलित लेखक-पत्रकार तो शामिल हैं मगर राजेंद्र यादव, शिवमूर्ति, राम कुमार कृषक,

लीलाधर मंडलोई, गोविन्द प्रसाद, प्रेम कुमार मणि जैसे लेखकों का कोई उल्लेख नहीं है। यह तो प्रस्तोता ही बेहतर जानती होंगी कि ललई सिंह यादव या डॉ. शान्ति यादव का हिन्दी साहित्य में क्या योगदान है। पिछड़ों के नाम पर दलित लेखकों के रूप में सिर्फ एक विशिष्ट जाति के लेखकों का उल्लेख करना दलित साहित्य में अपनी मनमर्जी और मौकापरस्ती का इससे बेहतर उदाहरण और क्या हो सकता है। सन्तराम, बी.ए. जैसे मूर्धन्य हिन्दीसेवी, जोकि जाति से कुम्हार थे, क्या अन्तिम और पहले लेखक/पत्रकार थे, जो इस जाति से थे?

पत्रिकाओं में 'प्रतिपक्ष' और 'युद्धरत आम आदमी' जैसी पत्रिकाएँ दलित पत्रिकाओं के रूप में शामिल हैं। कहने का तात्पर्य यह है कि जहाँ दलित लेखकों के रूप में पिछड़ों को भी शामिल किया गया है, वहीं कुछ ऐसी पत्रिकाओं को भी दलित पत्रिका मान लिया गया है जिन्होंने समय-समय पर दलित साहित्य पर एकाध विशेषांक निकाले हैं। सबसे हास्यास्पद तथ्य तो यह है कि राजेंद्र यादव और उनकी 'हंस' पत्रिका दोनों ही दलितों से बहिष्कृत हैं।

दरअसल, जहाँ अभी तक दलित परिभाषा पर छाया धुँधलका साफ हो जाना चाहिए, उल्टा वह और गहराता जा रहा है, बल्कि सच्चाई तो यह है कि सन्तराम बी.ए. ललाई सिंह यादव या डॉ. शान्ति यादव को दलित लेखकों में शामिल करना मात्र दिखावा भर है वरना ज्यादातर दलित (विशेषकर जिन्हें संविधान के अन्तर्गत आरक्षण मिला हुआ है) पिछड़ों को इस जगत में शामिल करने के सख्त खिलाफ हैं, क्योंकि इसके अनुसार काशीराम के नेतृत्व में चल रहा दलित आन्दोलन तक दलितों का न होकर पिछड़ों का आन्दोलन है वह भी दलितों की कीमत पर। इस आन्दोलन की एकमात्र उपलब्धि केवल यही रही है कि जहाँ तक ओर इस आन्दोलन के चलते इसमें दलितों की सहभागिता के कारण इनकी आशा एवं आकांक्षाओं में वृद्धि हुई है। वहीं दूसरी ओर इस आन्दोलन का मकसद पिछड़ों की बेहतरी है। अतः इस आन्दोलन के चलते पिछड़े वर्गों की महत्त्वाकांक्षाओं में भी आशातीत वृद्धि हुई है। पिछड़ों की महत्त्वाकांक्षा की टकराहट सामान्य जातियों के स्थान पर कमजोर एवं दलित जातियों से हुई है, जिसके परिणामस्वरूप दलित जातियों को ही सबसे अधिक नुकसान उठाना पड़ा है।

उपरोक्त टिप्पणी से स्पष्ट है कि कुछ पिछडों को दलित के रूप में मान्यता नहीं दी गयी है, अपितु पिछड़ों के नाम पर जो विशिष्ट जाति इनका प्रतिनिधित्व करती आ रही है वह भी दलितों की नज़र में, 'शक्तिशाली, सामन्त एवं जमींदार किस्म के पिछड़े वर्गों से सम्बन्धित जातियों ने ग्रामीण क्षेत्रों में दलितों को बेरहमी से रौंदा है।'

वास्तव में दलितों में एक वर्ग ऐसा है जो हिन्दी साहित्य पर ब्राह्मणवादी सोच के मठाधीशों की तरह दलित साहित्य में रातों-रात छा जाना चाहता है। एकाएक दलित साहित्य के नाम पर उसे एक ऐसा नुस्खा हाथ आ गया है जो देखते ही

देखते उसे उस पंक्ति में खड़ा कर देता है, जिस पंक्ति में आने में उसे शायद बरसों लग जाते। दलित साहित्य में भी सवर्णों की तरह कुछ चतुर-सयाने उसी मठाधीशी कोशिश में लगे हुए हैं। वर्तमान दलित साहित्य के पीछे दलित स्वभाव या दलितोद्धार की भावना कम अपितु वह भावना ज्यादा काम कर रहीं है जिसका हवाला दे-देकर एक वर्ग विशेष राजनीति और सरकारी नौकरियों की तरह साहित्य में भी उन्हीं दरारों को खोजने की कोशिश में है जिनके जरिए वह तुरन्त शिखर पर पहुँच जाना चाहता है। वरना क्या कारण है कि जब कभी दलितों पर अत्याचार होते हैं, तभी 'हम दलितो' की एकजुटता का नारा लगाया जाता है और जब बन्दरबाँट या हिस्सेदारी का समय आता है। तब बार-बार एक ही वर्ग क्यों अन्य को पीछे धकिया कर सबसे आगे जा खड़ा होता है?

सवाल यह नहीं कि दलित किसे माना जाये और किसे नहीं। सवाल यह है कि दलितों के नाम पर साहित्य में खेला जा रहा खेल जो पूरे हिन्दी साहित्य में खेला जा रहा है। हिन्दी साहित्य की तरह दलित साहित्यकारों में वर्चस्व की लड़ाई इस समय पूरे उफान पर है। इसीलिए छोटे-छोटे द्वीप बन गये हैं। यही समय है हिन्दी दलित साहित्य में अपनी उपस्थिति पुख्ता करने की वरना बाद में कौन पूछने वाला। हाँ, यही वह समय भी है जब यह स्पष्ट हो जाना चाहिए कि दलित आखिर माना किसे जाये वरना कोई बड़ी बात नहीं दलितों में कुछ विशिष्ट जाति के बुद्धिजीवियों की तरह अति दलित वर्ग के बुद्धिजीवी अपना अलग ही तंबू गाड़ लें और फिर से नयी-नयी स्थापनाएँ जन्म लेने लगें। दरअसल हमारे दलित बुद्धिजीवियों ने जितना अहित दलित साहित्य का किया है उतना गैर-दलितों ने नहीं, क्योंकि दलित साहित्य उत्तर भारत के हिन्दी प्रदेशों के लिए कोई नयी बात नहीं है। पूरा हिन्दी प्रदेश जानता है कि जितनी समृद्ध परम्परा मराठी दलित सहित्य की रही है, हिन्दी दलित साहित्य उसकी फोटोप्रति भर है। इसलिए दलित साहित्य पर छा जाने वाली प्रकृति को त्याग सबसे पहले यह तय करें कि कैसे दलित अस्मिता को दीर्घकाल तक बचाया जाये। वर्चस्व की उस लड़ाई में बेशक बहुत से दलित बहुत ऊँचाई पर पहुँच जाएँ लेकिन इस ऊँचाई का तभी फायदा है जब हम जातिगत भेदभाव की गहरी खाइयों में फँसे ओमप्रकाश वाल्मीकि या सूरजपाल चौहान जैसों को भी हाथ पकड़ कर अपने साथ लेकर चलें। बेशक शोर मचाने से करोड़ों रुपये के सरकारी बजट के 'बन्दरबाँट' में थोड़ा-बहुत हिस्सा दलितों को मिल जाये, मगर ऐसा न हो कि कहीं इस हिस्से में डूब कर हम एक-दूसरे का ही गला रेतना शुरू कर दें और हम भी उसी व्यवस्था का हिस्सा बन कर रह जाएँ जिसके खिलाफ हम एकजुट होने का आह्वान कर रहे हैं।

—'वर्तमान साहित्य', जनवरी 2001—भगवानदास मोरवाल

एकोऽहं का दलितनाद उर्फ साहित्यिक साम्प्रदायिकता का पुनर्जागरण

मराठी साहित्य के पाँच दशकों की धनी परम्परा के मुकाबले हिन्दी में तो दलित-साहित्य की राष्ट्रीय स्तर पर बस चर्चा ही प्रारम्भ हुई है। कायदे से एक पहचान मिलने लगी है, परन्तु गुजरती सदी के आखिरी सालों में दलित-सहित्यांदोलन की जो पदचापें हिन्दी में उभरी थीं अचानक उसने 'पन्द्रहवें अखिल भारतीय दलित साहित्यकार सम्मेलन' में मानो जलजले का रूप ले लिया जब 'कल के लिए' नामक पत्रिका में उग्र मार्क्सवादी साहित्यकार बाबा नागार्जुन, दीनों के मसीहा मुंशी प्रेमचन्द और बागी कवि-साहित्यकार सूर्यकान्त त्रिपाठी 'निराला' को वर्ण-व्यवस्था का पक्षधर साहित्यकार घोषित कर दिया गया।

दलित-साहित्य के परिप्रेक्ष्य में 'सद्गति—ठाकुर का कुआँ' (प्रेमचन्द), 'वरुण के बेटे' (नागार्जुन), 'चतुरी चमार' की 'बिल्लेसुर बकरिहा' (निराला) आदि-आदि की चर्चा भी खूब होती रही है। इन्हें दलित साहित्य की महत्त्वपूर्ण रचनाओं में परिगणित करने और खारिज करने वाली बहसें भी पर्याप्त हुईं पर दलित की सही परिभाषा की ज़रूरी खोज कभी ज़रूरी नहीं समझी गयी। इस बात पर जोरदार तरीके से कोई बहस नहीं उठ सकी कि दलित दरअसल हैं कौन? दलित आखिर है क्या? वर्ण या स्थितियाँ! सुश्री मायावतीजी किस कोण से दलित हैं और बिहार के अर्ध विक्षिप्त गणितज्ञ वशिष्ठ नारायण सिंह दलित क्यों नहीं हैं?

दलित तो दरअसल वे ही लोग हैं जो निरन्तर हाशिए पर धकेले जाते रहे हैं। तमाम बेबस स्त्रियाँ, बन्धुआ मजदूर, घरेलू सेवक, भिखारी, पागल, बाल-श्रमिक, सेवानिवृत्त लाचार बूढ़े, दैनिक श्रमिक और आदिवासी जन को हम दलित की श्रेणी में क्यों नहीं रखते? 'गोली' (आचार्य चतुरसेन शास्त्री) 'सत्ती मैया का चौरा' (भैरव प्रसाद गुप्त), 'बसन्ती' (भीष्म साहनी), 'बीज' (अमृत राय), 'कब तक पुकारूँ' (रांगेय राघव), 'मैला आंचल; (फणीश्वरनाथ रेणु), 'महाभोज' (मन्नू भंडारी), 'चोट्टी मुंडा और उसका तीर' (महाश्वेता देवी), 'संलीबें' (नमिता सिंह), 'छुटकारा' (मैत्रेयी

पुपा), 'भूख' (अनन्त कुमार सिंह) आदि-आदि रचनाओं को हम दलित साहित्य की स्मरणीय रचनाएँ क्यों नहीं मानते?

यदि ऐसा नहीं हो पा रहा है तो इसका कारण स्पष्ट है। आज रचना को हाशिए पर धकेल रचनाकार महत्त्वपूर्ण होना चाहता है। साहित्य में खेमेबन्दी अब विचार-वैषम्य और संवेदना से अधिक वर्णों की बुनियाद पर हो रही है। 'पन्द्रहवें अखिल भारतीय दलित साहित्यकार सम्मेलन' में इसी की पुष्टि भी हुई है। इस सम्मेलन और 'कल के लिए' पत्रिका में कथित बातों से तो यही तथ्य उजागर होता है कि दलित साहित्यकार साहित्य की आमधारा से पृथक दलित-साहित्य की एक स्वतन्त्र इयत्ता स्थापित करने की कट्टरवादी मुद्रा अख्तियार कर चुके हैं। सामाजिक-राजनैतिक आरक्षण का जिन्न साहित्य के सिर पर भी सवार हो चुका है।

साहित्य का मन्तव्य उस गद्य-पद्य के आगार से है जिसमें 'सर्वजन हिताय-सर्वजन सुखाय' के स्थायी और पवित्र विचार रक्षित हों। निस्सन्देह इस लिहाज से दलित-साहित्य भी इसी प्रतिज्ञा के प्रति समर्पित है। होना ही चाहिए। ऐसे में दलित-साहित्य को नकारने या अनदेखी करने की कोई गुंजाइश कहीं नहीं है।

यह भी ठीक है कि दलित-विचारधारा से अन्य विचारधाराओं के टकराव भी हो रहे हैं पर यह तो और भी शुभ है। विभिन्नताओं का ही परिणाम है यह ग्रह—पृथ्वी! विचारधाराओं का स्वस्थ संघर्ष ही साहित्य को जीवन्त रखता है।

कोई एक नदी पूरे भू-मंडल को नहीं सींच सकती। अतः ऐसे संघर्ष जहाँ जीवन की जटिलताओं को अलग-अलग कोणों से देखने-पकड़ने की सलाहियत देते हैं वहीं साहित्य के लिए चिन्तन के नये-नये आयाम भी खोजते-खोलते हैं। यदि विचार वैभिन्य नहीं होंगें तो वैचारिक संघर्ष भी नहीं होंगे। विचारधाराओं का सामूहिक विसर्जन या वैचारिक संघर्षों की अनुपस्थिति साहित्य के विकास में बाधक होगी। एक मारक त्रासदी होगी परन्तु यह भी आवश्यक है कि विचारधाराएँ बहुलता के साथ-साथ एक-दूसरे की पूरक हों न कि हरेक अपने लिए एक पृथक और अरक्षित मचान की माँग करने लगे क्योंकि यदि ऐसा हुआ (जो कि दुर्भाग्य से होता दिखने लगा है) तो फिर 'आदिवासी साहित्य' या 'अवर्ण साहित्य' भी क्यों नहीं?...और इसी का कुछ लोग आगे भी विस्तार करने लगें तो 'हिदुओं द्वारा रचित हिन्दी साहित्य', 'मुस्लिम लेखकों का हिन्दी साहित्य', 'हिन्दुओं द्वारा लिखित मुस्लिम साहित्य', सवर्ण-साहित्य', 'सामन्त साहित्य' विभिन्न चेतना के पंजीकृत, साहित्यकार अपनी अलग पहचान के लिए साहित्य के पता नहीं और कितने-कितने टुकड़े करते चले जायेंगे।

इस कुप्रथा के विरुद्ध कुछ साहित्यकार मुँह भी खोलते हैं तो मात्र दलित-साहित्य की परिभाषा की धज्जियाँ उड़ाने के लिए! 'दलितों का' दलितों के द्वारा, दलितों के लिए...' की स्थापना को ध्वस्त करने के आग्रही बुद्धिजीवी यदि साहित्य के

फलक को चौड़ा करने या विस्तारित करने की चिन्ताओं के कारण ऐसा करते तो स्तुत्य था परन्तु नहीं...! विभिन्न 'वादी' साहित्यकार तो स्वयं को भी पूरी शिद्दत से दलित-लेखन के सातवें सवार के रूप में प्रस्तुत-प्रतिष्ठित करने को आतुर है। एक हाथ में 'सद्गति' या 'तोड़ती पत्थर' आदि की छेनी और दूसरे हाथ में प्रेमचन्द-निराला का हथौड़ा...! अलग-अलग युक्तियों से लोग दलित साहित्य के किले में सेंध लगाने की हड़बड़ी में दिख रहे हैं। इन उतावले नकबियों का तर्क है कि 'टोबा टेकसिंह' लिखने वाला कोई पागल तो नहीं था? तवायफ पर लिखने के लिए वैश्यावृत्ति या भड़वागिरी कतई ज़रूरी नहीं। मृत्यु को महसूस किये बिना मृत्यु पर कैसे लिखे जा रहे हैं। लोग...? हालाँकि ऐसे तर्कों की कोई आवश्यकता नहीं है।

फिलहाल तो ज़रूरी यह हैं कि यदि दलित-साहित्य अपने किसी बन्द खोल (आइसोलेटेड शेल) में ही रहना चाहता है तो उसे वहीं चैन से विकसित होने दिया जाशे। प्रतीक्षा की जाय। फिलवक्त यह स्वयं विवादों और उलझनों में उबरने की जद्दोजहद में है। राजनीति के घटाटोप और वायवीय लफ्फाजियों से हट कर सामाजिक सन्दर्भों में इसकी वैज्ञानिक व्याख्याएँ अभी होनी शेष हैं।...हालाँकि इसके भी अपने खतरे हैं, क्योंकि दलित साहित्य के कुछ कट्टरपन्थी, झंडाबरदारों के हाथों में दोधारी तलबार है।

यदि गैर-दलित साहित्यकार दलित रचनाकारों की जमात में शिरकत करने को राजी होते हैं तो दलित-रचनाकारों के एकाधिपत्य को खतरा दिखने लगता है। फौरन एक समूह हाल-दुहाई मचाने लगता है...। देखो! देखो इन्हें! यह हमारे अरक्षित दुर्ग में सेंध लगा रहे हैं, जो चीजें हमने इतने परिश्रम से चर्चा में खड़ी कीं ये उसका फल लूटना चाहते हैं... दूसरा पहलू यह कि यदि दलित साहित्य की वर्तमान वर्णवादी व्यवस्था को स्वीकार कर गैर-दलित इसे अलग रहने का निर्णय करते हैं तो दो-धारी की परली ओर की धार काम आयेगी। "देखो, देखो इन्हें...! हम न कहते थे कि ये हमारी चीजों को दर्शायेंगे। देखो हमने कितना सही तौला था इन गैर-दलितों को!" अंग्रेजी में ऐसी ही स्थिति के लिए एक शब्द है 'डबल-क्रॉस' करना।

कुल जमा यह कि खतरे दोनों ही तरफ हैं पर चूँकि पहला खतरा पेश आ चुका है। अतः पहले इसी पर विचार ज़रूरी है पर उन्हें कौन सद्बुद्धि दे जो दलित-साहित्य में प्रवेश और मान्यता को साहित्य का कोई अभिनव फैशन समझे बैठे हैं। कतिपय नव-लेखकों के लिए तो दलित-साहित्य मार्केटेबल कमोडिटी की भाँति ही है। ऊपर से दलितों के प्रति करुणा (जो दलितों को हर्गिज नहीं चाहिए) समर्पण और मानवीय मूल्यों की उदात्त भावना परन्तु इस नकाब के भीतर है झटपट अपने लेखन को व्यवसाय में तब्दील कर लेने की अकुलाहट! चटपट अपने लिखे को 'वक्त रहते' भुना लेने की लालसा से लिथड़े चेहरे। कई बुजुर्ग रचनाकार तो

दलित-साहित्य का उपयोग सीढ़ियों की भाँति कर सत्ता के शिखरों तक पहुँचाने वे अभिनव प्रयोग भी कर रहे हैं।

साहित्य के हथियार से पत्र-पत्रिकाओं के सम्पादक, व्यावसायिक विशेषांकों के अतिथि सम्पादक, साहित्यिक प्रतियोगिताओं-पुरस्कार समितियों के निर्णायक, टी.वी चैनलों के वाचक, प्रस्तोता, प्रसारण-सहायक आदि-आदि बनने की जंग लड़ी जा रही है। जीती भी जा रही है वर्ना क्या कारण है कि एक वरिष्ठ साहित्यकार-पत्रकार राजनीतिक विशेषज्ञ भी है। कारगिल विशेषज्ञ भी? क्रिकेट विशेषज्ञ भी हैं। हाईजैक विशेषज्ञ भी? निहित स्वार्थों और उद्देश्यों की ऐसी पूर्तियों के लिए साहित्य को वर्ण-वर्ण भाषिक विभाजनों में झोंकने पर आमादा वरिष्ठ साहित्यकार बस दया के पात्र हैं। किन्हीं खास मंचों-उपलब्धियों को झपट लेने के लिए कलम के साथ ऐसा कोई समझौता साहित्य के साथ एक गन्दा मजाक है बल्कि, क्षमा करेंगे, कलम के साथ वेश्यावृत्ति है।

आज दलित साहित्य मानो कोई 'हॉट-केक' हैं जिसमें हिस्सेदारी के लिए पिछले दशक से ही जबर्दस्त और अराजक किस्म का चील-झपट्टा मचा हुआ है। जो कद्दावर लोग इस चील-झपट्टे के विरुद्ध खड़े हो सकते हैं उनमें से कइयों को मौन में ही सुरक्षा दिखती है क्योंकि अनेक तो इस चील-झपट्टे के खेल में परोक्ष रूप से आकंठ धँसे पड़े हैं और कुछ झपटने को तैयार बैठे हैं। जो अति चतुर सुजान हैं वे एक समय में जिये जा रहे हैं। अतएव बस लिखे जा रहे हैं, छपे जा रहे हैं, और अर्जित किये जा रहे हैं, रचना के बदले रचनाकार और सृजन के बदले सरोकार छपने के इस दौर में छपने-छपने को मुँहताज नवागंतुक युवा पीढ़ी इस छद्म के विरुद्ध मुँह नहीं खोल सकती। पता नहीं किस महान की कोई दुखती रग छिड़ जाये। बड़ों के इस चील-झपट्टे में घिसट न मरें। बस कलम जेब में धरे धृतराष्ट्री मौन साधे रहो और इस संक्रमण-काल के ढलने की प्रतीक्षा करो।

मूल समस्या दलित-साहित्य में प्रवेश या निषेध की है ही नहीं फिलहाल तो प्रश्न 'दलित' और 'दलित साहित्य' की सम्पूर्ण परिभाषा का ही है। अन्तर्विरोधों के कुहासे छँटने का ही है। यह समय सोचने का है कि यदि दलित साहित्य स्वयं को अलग-अलग रखने का निर्णय लेता है तो यह निर्णय कितना सामाजिक, कितना साहित्यिक और कितना राजनीति से प्रेरित हैं। कहीं यह साहित्य में राजनीति की घुसपैठ का दुष्परिणाम मात्र तो नहीं जिसकी आये दिन साहित्यकार लानत-मलामत करते नहीं अघाते क्योंकि साहित्य और राजनीति के अन्तर्सबन्धों को लेकर अब न कोई भ्रम रहा है और न ही कोई 'यूटोपिया'! यह साफ हो चुका है कि साहित्य का जमकर राजनीतिकरण हुआ है। रात के अन्धेरे में राजनीति की कुंडी खटखटाने वाले रचनाकार भी दिन का उजाला फूटते ही यही हाल-दुहाई मचाने लगते हैं कि

ऐसी दुरभिसंधियाँ राजनीति के अपराधीकरण से कहीं ज्यादा खतरनाक हैं। इसे रुकना ही चाहिए।

दलित-साहित्य के सन्दर्भ में कई अन्य पूरक प्रश्न भी उठते हैं। कोई साहित्य किसी वर्ग विशेष के लिए ही क्यों? प्रतिबंधित न होकर साझी विरास्त क्यों नहीं? सार्वभौम क्यों नहीं? साहित्य में किसी प्रतिबन्ध या आरक्षण की आवश्यकता ही क्यों आन पड़ी है? क्यों ब्राह्मण समाज की तमाम कथित गन्दगी और कट्टरपन्थी पुरातन प्रवृत्तियाँ (जिन्हें दलित-साहित्य गरियाता रहता है) अपनाकर हिन्दी साहित्य को वर्णों के आधार पर विभाजित करना मुनासिब समझा जाने लगा है? क्यों द्विज साहित्यकारों की कथित सौदागरी मानसिकता को दलित रचनाकार आत्मसात् करते जा रहे हैं?

एक ओर तो दलित रचनाकार मनुवादी वर्ण-व्यवस्था की धज्जियाँ उड़ा देना चाहते हैं पर दूसरी ओर इसे ही हवा भी दे रहे हैं। मनुवादी वर्ण-व्यवस्था का मूलोच्छेद कर इसी के मलबे पर एक नवीन वर्ण-व्यवस्था—दलित-व्यवस्था—की नींव डाल रहे हैं जिसके पास अपने विरोधियों के प्रति उतनी ही कटुता, घृणा और तिरस्कार है? साहित्य को एक बजबजाती सँकरी नाली से निकाल कर वैसी ही दूसरी गंदगी-भरी गली में इस प्रकार धकियाने को क्या समझा जाए? एक प्रकार की साहित्यिक साम्प्रदायिकता का पुनर्जागरण?

इससे कतई इंकार नहीं कि दलितों के साथ अन्याय हुआ है। हमारी सामाजिक व्यवस्था ने मानववाद के स्थान पर वर्णवाद को ज्यादा तरजीह दी है। इस कोढ़ी यथार्थ पर जमकर प्रहार किया ही जाना चाहिए पर स्मरण रहे कि रचनाकार (चाहे वह गैर-दलित हो या दलित) की अपनी संवेदना, अवधारणा और अन्तर्दृष्टि ही यथार्थ के रचनात्मक रूपांतरण को प्रभावित करती है। दरअसल यहाँ लेखक दोहरी भूमिका निभाता है। एक तो यह यथार्थ का रचनात्मक (कथात्मक-कवितात्मक कोई भी) पल्लवन करता है और दूसरे रचना की सम्पूर्णता एवं कलात्मकता का निर्वाह करते हुए समष्टि हेतु उसका प्रस्तुतीकरण भी करता है। इस प्रकार रचना के अपने अनुशासन होते हैं और अपने व्याकरण पर कुछ दलित आलोचक इन अनुशासनों-व्याकरणों को ताक पर रखते हुए मात्र 'जो है, जैसा है' के अनगढ़पन (जो कि बेशक रचना का एक गुण है पर सम्पूर्णता का निकाष हर्गिज नहीं) को ही सर्वोपरि घोषित कर रहे हैं। उनके परिमेय (साध्य) एक भिन्न सौन्दर्यशास्त्र (और साहित्येतर मानदंडों) की माँग करते हैं। यह तथ्य खारिज कर कि ऐसी रचनाएँ जीवनानुभवों की दृष्टि से समृद्ध अवश्य हो सकती हैं। पर साहित्यिक कसौटियों पर कमजोर भी तो हो सकती हैं। पर नहीं, ...दलित साहित्य को चरमपन्थी 'जेनुईन' के साथ-साथ तमाम 'ट्रैश' को भी किसी आरक्षण के तहत साहित्य में प्रतिष्ठित कराने की जिद में हैं।

यह कुछ और नहीं मात्र एक साहित्यिक राजनीति ही हैं। सच्चाई को विकृत करने की साजिश! साहित्यकारों को कागज पर बाँटने की साजिश!

ऐसा इसलिए हो रहा है क्योंकि कुछ दलित रचनाकारों के पास वक्त का बहुत तोड़ा है। वे बड़ी जल्दी में हैं। अपनी पाँच-सात वर्ष की लेखन यात्रा में ही इन्हें वह सारा कुछ चाहिए जिसके लिए निराला, नागार्जुन या प्रेमचन्द ने एक पूरा जीवन ही जी डाला। ऐसे जल्दबाज यह भूल चुके हैं कि ऐसे प्रयासों से इनका भी हश्र देर-सवेर वही होगा जो अपनी विश्वसनीयता खो चुके चुनावी राजनेताओं का हो रहा है।

नयी कहानी, अकहानी समानान्तर कहानी, सचेतन कहानी, जनवादी कहानी, क्रान्तिकारी कहानी...कहानी आन्दोलनों से भरे हिन्दी साहित्य में ये आन्दोलन क्यों हुए या इससे कहानी का कितना भला हुआ और कहानीकारों का कितना अब यह कोई गोपन रहस्य नहीं रह गया है। कई स्वतःस्फूर्त और प्रायोजित आन्दोलनों के ज्वार-भाटों के बाद सम्प्रति दलित साहित्यांदोलन का उफान है। इतिहास साक्षी है कि साहित्य, कला या संस्कृति का उद्भव ब्रह्माण्ड की भाँति किसी आकस्मिक विस्फोट से नहीं हुआ बल्कि यह क्रमिक विकास का परिणाम है। हिन्दी दलित-साहित्य भी सम्प्रति अपने विकास की प्रक्रिया में है। इसकी बचपने की परिभाषा फिलहाल परिपक्वता, उदारता और सर्वमान्यता की माँग करती है पर दलितोन्माद से उपजे इस फतवे और दलित एकाधिपत्य के दम्भ में सम्पूर्ण हिन्दी साहित्य को सवर्णों का साहित्य घोषित करने के पीछे झाँकें तो पर्दे के भीतर हिन्दी साहित्य की माफियानुमा लामबन्दी का ही एक और मंजर नज़र आता है! साहित्य को जाति या वर्ण पर परिमित करने के पीछे चन्द साहित्यिक मुजाहिदीनों की एकाधिकार लोलुपता और तृष्णा के सिवा कुछ और नहीं। निराला, प्रेमचन्द और नागार्जुन की ऊँची प्रतिमाओं को ध्वस्त कर उस रिक्त मंच पर स्वयं को स्थापित करने से ही उपजा है। 'एकोऽहं' का यह दलितनाद। उपरोक्त तीन महान रचनाकारों के साहित्य को सनसनीखेज ढंग से सवर्णों का साहित्य घोषित कर उसे मीडिया से उछालना सस्ती लोकप्रियता बटोरने के एक 'पब्लिसिटी स्टंट' के सिवा और क्या हो सकता है?

दलित-विमर्श के महाविस्फोट के साथ जो 'महान सत्य' उद्घोषित हुआ है, उसके प्रस्तोता-उद्घोषकों को यह बात गाँठ-बाँध लेनी होगी कि यदि हिन्दी (या किसी भारतीय भाषा के) दलित-साहित्य को मराठी की भाँति केन्द्र में प्रतिष्ठित होना है उसे भी मराठी की भाँति ही कलात्मक उत्कृष्टता भी अर्जित करनी होगी। हवाई फतवों से ज्यादा अहम हैं दलित-विमर्श की आड़ में छुपी शातिर संकीर्णताओं और मठों के प्रेतों से मुक्ति! हिन्दी दलित-साहित्य को यह जान लेना चाहिए कि मराठी के दलित रचनाकारों ने समय को बेहतर ढंग से पकड़ा है, पहचाना है अतः उन्होंने दलित-साहित्य की परिभाषा को विस्तार भी दिया है। वे खूब जानते हैं कि

गैर-दलित रचनाकार भी उनके दुश्मनों से पूरी शिद्दत से टकरा रहे हैं। देर-सवेर हिन्दी दलित-विमर्श को भी अपनी बन्दरमूठ खोलनी ही होगी। राजनीति और समाज के विग्रही तत्त्वों को तिलांजलि देकर बाबूराव बुले के इन शब्दों को आत्मसात करना ही होगा कि 'दलित साहित्य और कुछ नहीं बल्कि मानवतावादी साहित्य ही है' और साहित्य चाहे कोई हो (शर्त बस साहित्य होने की है), चाहे उस पर 'दलित' का लेबल चस्पां न भी हो...हमेशा मानवता के पक्ष में खड़ा है।

—'वर्तमान साहित्य', मार्च, 2001, राकेश कुमार सिंह

दलित साहित्य आन्दोलन के पक्ष में

वर्तमान साहित्य के जनवरी और फरवरी अंकों में दलित विमर्श स्तम्भ के तहत भगवान दास मोरवाल और सूरजपाल चौहान के लेख 'दलित विमर्श के अन्तर्विरोध' और 'दलित साहित्यकारों का मनुवाद' क्रमशः प्रकाशित हुए हैं।

इन दोनों महानुभावों ने दलित साहित्य आन्दोलन में अन्दरूनी तौर पर चल रहे आन्तरिक अन्तर्विरोध जातिवाद या जाटव साहित्यकारों के वर्चस्व की मानसिकता को बड़ी शिद्दत के साथ उभारा है। इन्होंने ब्राह्मणवाद के साथ दलित साहित्य आन्दोलन के मुख्य अन्तर्विरोध को इतना महत्त्वूपर्ण नहीं माना है, जितना दलित साहित्य आन्दोलन के भीतर अन्तर्विरोध को। इसका नतीजा यह हुआ कि दलित आन्दोलन की भीतरी समस्या इनके लिए प्रमुख समस्या बन गयी है और सबकी बाकी समस्याएँ गौण।

दलित आन्दोलन में दलित एकता के प्रयासों की कमजोरियों और इन प्रयासों में होने वाली गड़बड़ियों के चलते अन्दरूनी जातीय वर्चस्ववादी मानसिकता सिर उठाने लगी है। दलित आन्दोलन की तथाकथित राजनीतिक पार्टियों में, और जन-संगठनों में यह समस्या अब ऊपर दिखाई देने लगी है। बामदेक का विभाजन तो हो ही चुका है। दलित साहित्य आन्दोलन में भगवानदास मोरवाल और सूरजपाल चौहान जैसे लोगों के प्रयास भी इसी दिशा में दिखाई दे रहे हैं।

कुछ ईमानदार और व्यापक दृष्टिकोण वाले दलित चिन्तक अभी दलित साहित्य आन्दोलन में पूरी शिद्दत से दलित एकता को प्रमाणित कर रहे हैं। हालाँकि उनके इस प्रमाणों की अन्तर्निहित और वैयक्तिक दिक्कतों को भी आसानी से समझा जा सकता है, और फिर भी वे लोग इस बात को ज्यादा तूल नहीं दे रहे हैं। सब लोग दलित एकता के प्रमाणों में जुटे हुए हैं। इसके चलते दलित आन्दोलन में सामूहिक सोच और वैयक्तिक आकांक्षाओं वाले दलित साहित्यकारों में तीखा संघर्ष शुरू हो चुका है। दलित आन्दोलन का भीतरी अन्तर्द्वन्द्व तेज हो रहा है। इन विमर्शकारों को लगता है कि दलित आन्दोलन के भीतर पनप रहे इस 'जातिवाद' और जातीय वर्चस्ववादी मानसिकता का निदान इसी अन्तर्द्वन्द्व में निहित है। उनकी मूल चिन्ता दलित एकता को बनाये रखने की है।

यह शायद कोई नहीं चाहता। खुद सूरजपाल चौहान और मोरवाल भी यह नहीं चाहते कि ताजा-ताजा अस्तित्व में आ रहे दलित आन्दोलन की ऊष्मा ब्राह्मणवाद-मनुवाद के खिलाफ संघर्ष में बिखर जाये। हालाँकि दलित राजनीति के बिखराव और अवसरवाद में फँस जाने का प्रभाव दलित साहित्य आन्दोलन पर व्यापक रूप से पड़ेगा ही फिर भी इन बिखराववादी हालात में दलित साहित्य आन्दोलन की एकता को हर हाल में बनाये रखना एक लाजिमी मसला बन गया है। इस तरफ प्रत्येक दलित साहित्यकार को चाहे वह जाटव हो या वाल्मीकि को अपने व्यक्तिगत मतभेद भुलाकर एक होना चाहिए। लेकिन ये दोनों महानुभाव एकता प्रभावों में अपनी भूमिका अदा करने के बजाय दलित साहित्य आन्दोलन में बिखराववादी मानसिकता को बढ़ाने की दिशा में दिख रहे हैं।

भगवानदास मोरवाल दलित साहित्य आन्दोलन के एक सशक्त और व्यापक दृष्टि वाले चर्चित युवा उपन्यासकार हैं। उन्होंने दलित साहित्य आन्दोलन की अन्दरूनी समस्या पर उँगली रखकर बड़े साहस का काम किया है, किन्तु दूसरों की वर्चस्ववादी और संकीर्ण मानसिकता पर उँगली धरने वाले मोरवाल जी कहीं न कहीं अपने व्यक्तिगत पूर्वाग्रहों और चक्रदार और अन्तर्विरोधों से ग्रसित हैं। यह बात उनके लेख में साफ देखी जा सकती है। उन्होंने यह भी उचित नहीं समझा कि एक जागरूक दलित साहित्यकार होने के नाते पहले वे इस समस्या को लेकर दलित साहित्य आन्दोलन में उठाते। वहाँ बहस और संघर्ष छेड़ते और वहाँ असफल होने पर ही इसे बाहर ले आते मगर उन्होंने ऐसा नहीं किया। अब उनके साहस को मैं क्या मानूँ?

भगवानदास मोरवाल ने भीतरी अन्तर्विरोध को जाटवों और वाल्मीकियों के बीच जातिवाद के रूप में देखा है। सूरजपाल चौहान ने इस जातिवाद को व्यक्तिगत कडुवे- अनुभवों, दुर्भावनाओं और आरोपों से दलित साहित्यकारों के मनुवाद में बदल डाला है। उनके लेख में उनकी व्यक्तिगत खीजों और पूर्वाग्रहों को आसानी से देखा जा सकता है। वे दलित विमर्श की अन्तर्निहित समस्याओं की वैयक्तिक कुंठाओं और आरोपों के दायरे में खींच लाये हैं। वैयक्तिक आरोप-प्रत्यारोप की कहानी का कोई अन्त नहीं होता सूरजपाल जी। इससे लोग सिर्फ उपहास और उपेक्षा का पात्र बनते हैं।

बहरहाल दलित साहित्य आन्दोलन के विकास और उसकी निरन्तरता के लिए इन चीजों पर विचार-विमर्श करना एक जागरूक दलित साहित्य के विद्यार्थी के लिए बहुत ज़रूरी है। लेकिन इन पूर्वाग्रहों, संकीर्णताओं और वैयक्तिव्य कुंठाओं पर कुछ और विस्तार से कहने से पहले मैं 'वर्तमान साहित्य' के पाठकों से वो ज़रूरी बातें साझा करना चाहता हूँ जो मुझे अपने बारे में बहुत अहम लगती हैं। मैं खुद

को जाटव या वाल्मीकि समुदाय से विभाजित नहीं देखता। हालाँकि सरकार द्वारा जारी मेरे जाति प्रमाण पत्र पर मेरी भी उपजाति अंकित है फिर भी। मेरी दिलचस्पी जाटव या वाल्मीकि समुदाय में नहीं है बल्कि पूरे दलित समाज में है। सो, न तो मैं जाटव दलित साहित्यकारों का समर्थक हूँ और न वाल्मीकि दलित साहित्यकारों का, मैं केवल और केवल दलित साहित्य आन्दोलन का समर्थक हूँ। उनकी समस्याएँ मेरी हार्दिक अभिलाषा है कि दलित साहित्य आन्दोलन की एकता बनी रहें इसीलिए मेरे इस लेख का वास्तविक मन्तव्य भी यही है, किसी विशेष की आलोचना करना या उसे नीचा दिखाना नहीं। हाँलाकि यह गुंजाइश तो बनी ही रहेगी, वैयक्तिक आरोपों का जवाब भी उसी स्तर पर उतर आये।

भारतीय समाज की वर्ण आधारित संरचना ही कुछ ऐसी है कि उसमें प्रत्येक जाति के भीतर अनेक उपजातियाँ हैं और उन उपजातियों की ऊँच-नीच की मानसिकता भी बनी हुई है। इसे बहुत पहले डॉ. अम्बेडकर अपने लेखों में बता चुके हैं। जातीय वर्चस्ववादी मानसिकता केवल दलितों में ही नहीं व्याप्त है बल्कि दलितों के परम शत्रु ब्राह्मणों में भी व्याप्त है। ब्राह्मणों में भी एक विशेष ब्राह्मण उप-जाति का ब्राह्मण दूसरी विशेष ब्राह्मण उप-जाति के ब्राह्मण को अपने से छोटा मानता है। मोहनदास नैमिशराय की कहानी 'महाशूद्र' इसी सन्दर्भ की कहानी है। इसके अलावा क्षेत्रीय आधार पर भी ब्राह्मणों में ऊँच-नीच होती है। एक विशेष क्षेत्र का ब्राह्मण दूसरे विशेष क्षेत्र के ब्राह्मण से खुद की जाति को शुद्ध मानता है। ब्राह्मण की अनेक उप-जातियों में शादी-विवाह नहीं होते थे। इस भेद नीति के पीछे काफी सारे ऐतिहासिक-सामाजिक और धार्मिक कारण हैं। लेकिन ताज्जुब की बात ये है कि अपने अन्दरूनी मतभेदों के बावजूद सारा ब्राह्मण समाज दलितों के शोषण के प्रति एक-सा व्यवहार करता है।

भगवानदास मोरवाल और सूरजपाल चौहान ने अपने लेखों में जिस 'जातिवाद' को दलित साहित्य आन्दोलन की केन्द्रीय समस्या के रूप में चिह्नित किया है वह दलित समाज और दलित साहित्य आन्दोलन की मौलिक अन्दरूनी समस्या है। मगर यह समस्या न तो आज प्रकट हो गयी है और न एक तथाकथित विशेष जाति के दलितों ने इसे पैदा किया है। यह भारतीय समाज के जातीय ढाँचे की अन्तर्निहित समस्या है जो दलित समाज में भी काफी पीछे से चली आ रही है। दलित साहित्य आन्दोलन के सामने यह समस्या एक चुनौती की तरह खड़ी है और दलित साहित्य आन्दोलन के लिए काफी बड़ा खतरा भी है। इस खतरे से आँखें मूँदकर या इसे बढ़ावा देने से दलित साहित्य आन्दोलन को भारी क्षति उठानी पड़ सकती है। भगवानदास मोरवाल की नज़र में इस खतरे का मूल कारण केवल जाटवों की वर्चस्ववादी जातिवादी मानसिकता है। भगवानदास मोरवाल ने लिखा है—"जिस तरह पिछड़े होने का अर्थ

केवल यादव है उसी तरह दलित होने का अर्थ केवल जाटव है।" यह भगवानदास मोरवाल का खुद का निष्कर्ष और कहना न होगा कि यह एक एकांगी निष्कर्ष है।

इस बात में कोई सन्देह नहीं है, कि दलितों में एक नहीं, दो नहीं अनेक दलित उप-जातियाँ हैं और उनमें एक-दूसरे के प्रति छुआछूत की भावना व्याप्त है। परन्तु यह भी एक सच्चाई है कि दलितों में कुछ विशेष जातियाँ विकास के रास्ते पर काफी आगे आ चुकी हैं और कुछ जातियाँ अभी काफी पीछे हैं। क्या आगे आने वाले सिर्फ इसलिए दोषी ठहराये जायेंगे कि वे आगे आ चुके हैं। आजाद भारत में आरक्षण व्यवस्था के चलते दलितों को मिले तमाम मौके और विकास के अवसर कहीं न कहीं से तो आरम्भ होने ही थे। माना अपनी वस्तुगत परिस्थितियों के चलते दलितों में जाटव लोग आज हर क्षेत्र में काफी तरक्की कर चुके हैं और वे तमाम सामाजिक-राजनीतिक संस्थानों में शिरकत कर रहे हैं। क्या केवल इस बात से यह निष्कर्ष निकाल लिया जाये कि दलितों का अर्थ केवल जाटव है। भगवानदास मोरवाल को इस निष्कर्ष पर आने से पहले कम से कम यह तो बताना चाहिए था कि दलितों में शेष उपजातियों के लोग आज किस मुकाम पर हैं? क्या उनमें से बहुत-सी उपजातियों के लोग वाल्मीकि समाज से भी निचले पायदान पर नहीं खड़े हैं। क्या कल को वे भी वाल्मीकियों की वर्चस्वता पर सवाल नहीं उठायेंगे? फिर मोरवाल जी उन्हें क्या जवाब देंगे।

सच्चाई यही है कि बाकी दलित उप-जातियाँ भी अपनी वस्तुगत-परिस्थितियों में जागरूक होकर, तमाम बाधाओं से जूझते हुए और विकास के अवसरों का लाभ उठाकर धीरे-धीरे आगे आ रही हैं ठीक वैसे ही जैसे जाटव उपजाति के लोग आज इस मुकाम पर पहुँचे हैं और तमाम संस्थानों में उनकी हिस्सेदारी मोरवाल जी और सूरजपाल जी को उनका वर्चस्व नज़र आ रहा है। विकास के पायदान पर सभी एक साथ नहीं आ सकते। शायद समाजवाद में ही ऐसा सम्भव हो मगर समाजवाद अभी दूर का सपना है और उसे लाने के लिए अथक संघर्ष की ज़रूरत है और ऐसा संघर्ष अभी भी जारी है। किन्तु हमारे सामने अभी यथार्थ यही है कि विकास के सफर में कुछ आगे हैं और कुछ पीछे। अब सवाल ये है कि विकास के रास्ते पर काफी आ चुके तथाकथित जाटव दलित उपजाति के लोग क्या कर रहे हैं। क्या सभी जाटव केवल अपने व्यक्तिगत स्वार्थों की पूर्ति में लगे हैं? या कुछ ऐसे हैं (कुछ तो होंगे ही मोरवाल जी) जो बाकी दलित समाज को जागरूक बनाने और उसके उत्थान में लगे हैं। जाटव समुदाय के सारे लोग न तो संकीर्ण हैं न वर्चस्ववादी मानसिकता के। रहा सवाल संकीर्णता और जातिवादी दुर्भावना का तो यह दलितों की अन्तर्निहित समस्या है और इसके खिलाफ लगातार नित नये मोर्चे खोलने और संघर्ष करते जाने की ज़रूरत है। केवल एक एकीकृत और प्रतिबद्ध दलित आन्दोलन ही इस तरह

की मानसिकता से मुक्ति दिला सकता है। अगर यह एकीकृत और प्रतिबद्ध दलित आन्दोलन मोरवाल जी और सूरजपाल के ध्यान में होता तो शायद वे खुद ऐसी संकीर्णता और पूर्वाग्रहों से ग्रस्त मानसिकता से काम नहीं लेते।

भगवानदास मोरवाल ने लिखा है कि दलितों का यह भीतरी अन्तर्विरोध मुख्य अन्तर्विरोध क्यों नहीं हो सकता? सवाल मुख्य और गौण अन्तर्विरोध का नहीं है मोरवालजी। सवाल दलितों के उत्थान और ब्राह्मणवाद को शिकस्त देने का है। दूसरी बात ये है कि इतिहास में भी यह देखा जा सकता है कि किसी सामाजिक-सांस्कृतिक आन्दोलन के भीतर एक नहीं सैकड़ों अन्तर्विरोध होते हैं। कुछ खत्म होते हैं तो नये पनपने लगते हैं। बाहर की लड़ाई में अक्सर भीतर की विभिन्न विचारधारात्मक शक्तियाँ एक हो जाती हैं। जिस तरह ब्राह्मणवाद के खिलाफ बाहरी संघर्ष एक दिन में खत्म नहीं हो जाता उसी तरह भीतरी संघर्ष भी एक दिन में नहीं खत्म हो जायेंगे। ये तो रहेंगे। लेकिन बाहरी शत्रु के खिलाफ अन्दर की एकता ज़रूरी होती है। वामपन्थी आन्दोलन अपने भीतरी बिखराव और अन्तरविरोधों से ही ज्यादा टूटा है और कमजोर हुआ है, मगर ये भी एक सच्चाई है कि जिस तरह वह बाहरी अन्तर्विरोधों से जूझ रहा है, उसी तरह आन्तरिक अन्तरविरोधों से भी। दलित आन्दोलन भी ऐसे ही हालात से गुजर रहा है। किन्तु दलितों का अपना हितार्थ इसी में है कि वह ब्राह्मणवाद को शिकस्त देने के लिए एकजुट रहें और साथ ही साथ आन्तरिक समस्या से भी निबटें।

कई बार किसी ढाँचे में कुछ मूल्य संस्थाबद्ध और रूढ़िवादी हो जाते हैं तब संघर्ष की नयी शक्तियाँ वहाँ अन्दर संघर्ष कहलाती हैं। सही होने पर भी अगर बार-बार उनको दबाया जाता है और उनकी आवाज को जगह नहीं मिलती तो ये शक्तियाँ पुराने ढाँचे को तोड़कर नया ढाँचा बनाती हैं। किन्तु यह सब भीतर संघर्ष किये बिना नहीं होता है। अगर ऐसा नहीं होता तो इसे अवसरवाद कहा जाता है।

मैं भगवानदास मोरवाल से ही यह पूछना चाहूँगा कि जिस तथाकथित वर्चस्ववादी मानसिकता की ओर उन्होंने उँगली उठाई है, उनके खिलाफ दलित साहित्य आन्दोलन के भीतर संघर्ष चलाने में उन्होंने कितना योगदान दिया है। क्या वे इस बात की डिटेल दे सकते हैं कि उन्होंने दलित आन्दोलन के भीतर कितने मंचों से किस-किस रूप में इस 'वर्चस्वादी मानसिकता' के खिलाफ संघर्ष का झंडा उठाया है। दलितों की एकता के उन्होंने आन्दोलन के भीतर कितने प्रयास किये हैं। जो आदमी न सिर्फ दलित आन्दोलन के बाहर खड़ा हैं और दलित आन्दोलन के भीतर कितने प्रयास किये हैं। जो आदमी न सिर्फ दलित आन्दोलन के बाहर खड़ा है और दलित आन्दोलन के भीतर इस मानसिकता के खिलाफ संघर्ष में शामिल नहीं, वह आन्दोलन से बाहर खड़ा होकर उसमें व्याप्त 'जातिवाद' का रोना रोये, बात कुछ गले नहीं उतरती।

उनकी अपनी तंगनज़री और पूर्वाग्रहों से ग्रसित मानसिकता के कई उदाहरण दिये जा सकते हैं। फिलहाल एक नमूना उनके अपने लेख से ही उठाते हैं। रजतरानी मीनू द्वारा तैयार दलित लेखकों की सूची को उन्होंने मनमर्जी और मौकापरस्ती का उदाहरण बताया है। उनके सम्बन्ध में उन्होंने लिखा है—इसमें राजेन्द्र यादव, रामकुमार कृषक, लीलाधर मंडलोई, गोविन्द प्रसाद, प्रेमकुमार मणि जैसे लेखकों का कोई उल्लेख नहीं है।...पिछड़ों के नाम पर दलित लेखकों के रूप में सिर्फ एक जाति के लेखकों का उल्लेख करना दलित साहित्य में अपनी मनमर्जी और मौकापरस्ती का इससे बेहतर उदाहरण और क्या हो सकता है?

एक शोधार्थी की अपनी बहुत सी समस्याएँ हो सकती हैं। कई बार सूचनाओं की और कोर्डीनेशन की कमी भी होती है। देखा गया है कि शोधार्थी बाद में भी नयी-नयी सूचनाओं की रोशनी में अपने शोधों में परिवर्तन करते चलते हैं। बात ये है कि रजतरानी मीनू ने दलित साहित्यकारों की जो सूची तैयार की है उसे मोरवाल जी एकदम अन्तिम सूची मानते हैं। यह सूची जैसे किसी वेद का कोई मन्त्र हो जिसमें न एक शब्द जोड़ा जा सकता हो न घटाया। इस बात की मौकापरस्ती और मनमर्जीपन की मिसाल बनाने से ज्यादा बेहतर होता कि मोरवाल जी दलित आन्दोलन के सगे हितैषी के रूप में रजतरानी मीनू को उन नामों की सूची देते जिनके नाम वह अपनी सूची में शामिल करना भूल गयी हैं। इसके अलावा एक और नयी सूची बनाई जा सकती थी और उसमें वे नाम जोड़े जा सकते थे। यह एक छोटी-सी गड़बड़ी थी जिसे रजतरानी मीनू से बातचीत करके मोरवाल जी ठीक करा सकते थे मगर उन्होंने ऐसा नहीं किया बल्कि उन्हें इस गड़बड़ी को एक विशेष अर्थ में प्रयोग कर लिया।

इस सूची में जो अन्य लोग शामिल नहीं हैं, (जिनके नाम मोरवाल जी ने गिनाए हैं) उनमें से कुछ लोग दलित साहित्य से सहानुभूति रखने वाले साहित्यकारों के रूप में जाने जाते हैं; दलित साहित्यकारों के रूप में नहीं। आज तक इनमें से किसी ने खुलकर यह घोषणा नहीं की है कि वे दलित वर्ग से सम्बन्धित हैं या नहीं और उसके द्वारा चलाये जा रहे संघर्ष के प्रति उनका क्या नजरिया है?

इसके फरवरी अंक में अनेक साहित्यकारों की टिप्पणियाँ छपी हैं। उनमें मोहनदास नैमिशराय, श्यौराज सिंह बेचैन और भगवानदास मोरवाल की भी टिप्पणियाँ हैं। मोरवाल जी के नाम के नीचे अंकित है—चर्चित युवा कथाकार-उपन्यासकार चर्चित दलित युवा कथाकार-उपन्यासकार नहीं जबकि नैमिशराय और बेचैन की टिप्पणियों के नीचे दलित विचारक एवं लेखक अंकित है। इसके अलावा दलित साहित्य 2000 की तैयारियों की एक बैठक में उनसे लगातार रचना माँगी गयी। परन्तु वे टालते गये और अन्ततः उन्होंने रचना नहीं ही दी। यह क्या है भगवानदास जी? आपकी अपनी संकीर्णता या जातीय हीनता या दलितों में शामिल हो जाने पर प्रगतिशील न

हो पाने का डर? मोरवाल जी, केवल नाम के आगे दलित लग जाने से कोई दलित संकीर्ण या प्रगतिशील विरोधी नहीं हो जाता। एक दलित भी प्रगतिशील और व्यापक दृष्टिकोण वाला हो सकता है ज़रूरत जातीय हीनता और कुंठा से बाहर आने की है। डॉ. अम्बेडकर ने अपनी जाति कभी नहीं छुपाई। यह एक ऐतिहासिक सत्य है कि दलित वर्ग से सम्बन्धित और खुलकर खुद को दलित देख-रेख में जनतान्त्रिक मूल्यों वाले संविधान का किसी हद तक निर्माण हो सका।

संकीर्ण मानसिकतावादी केवल दलित साहित्य आन्दोलन में नहीं हैं वे प्रत्येक आन्दोलन में देखे जा सकते हैं। लेकिन आन्दोलन के तीव्र और व्यापक होते जाने पर या तो संकीर्णतावादियों को अपनी संकीर्णताओं का त्याग कर देना पड़ता है या फिर आन्दोलन उन्हें पीछे छोड़ देता है। दलित आन्दोलन में अनेक लेखक संकीर्णतावादी-रूढ़िवादी मानसिकता से ग्रस्त हैं। साथ ही यह भी एक सच्चाई है कि उनके विरुद्ध संघर्ष भी चल रहा है। कुछ दलित साहित्यकार आन्दोलन की रोशनी और सामूहिक चेतना के दबाव में अपनी संकीर्णताओं का त्याग कर रहे हैं और व्यापक जनवादी रवैया अपना रहे हैं। इतिहास गवाह है कि जनता के किसी भी आन्दोलन में संकीर्ण मानसिकतावादियों का वर्चस्व हमेशा नहीं रहता है। वह आन्दोलन के विकास के साथ-साथ विघटित होता रहता है।

दलित आन्दोलन का वैचारिक-व्यवहारिक आधार अभी विकास की प्रक्रिया में ही है। उसमें पुरानी रूढ़ियाँ टूट रही हैं और नयी बातें जुड़ रही हैं। मैं शर्त लगाकर कह सकता हूँ कि दलित आन्दोलन का जो स्वरूप आज है दस साल बाद वह वैसा नहीं रहेगा। दलित आन्दोलन एक परिवर्तनशील प्रक्रिया है कोई जड़ प्रक्रिया नहीं। उसमें नये-नये दृष्टिकोण समाहित होंगे। पुरानी धारणाएँ टूटेंगी और नयी बनेंगी। ओमप्रकाश वाल्मीकि की कहानी 'शवयात्रा' के बारे में भी यह सच है। इस कहानी के बारे में आरम्भ में कुछ दलित विमर्शकारों में जो राय बनी थी वह अब बदल रही है और उसे व्यापक फलक पर देखा जा रहा है। खासतौर से युवा दलित हितैषी इस कहानी में निहित चुनौती को समझ रहे हैं और इस दिशा में दलित एकता के लिए अग्रसर हैं।

समस्या मोरवाल जी की अपनी है। वे इस कहानी के बारे में कुछ विशिष्ट समीक्षकों-आलोचकों की पुरानी राय को लेकर ही परेशान हैं, नयी राय को वे देखना नहीं चाहते। वे इस कहानी के बारे में दलित आलोचना को 1998 में ही अटकाये रखना चाहते है। जबकि इस कहानी को लेकर दलित आन्दोलन में नयी बहस चल रही है और नयी राय बन रही है। इसके अतिरिक्त जिन लोगों की इस कहानी को लेकर संकीर्णता का हवाला सम्पादक मंडल में भी हैं। इस वार्षिकी में एक कहानी 'सूअरबाड़ा' छपी है जो निम्नस्तर की शहरी कालोनियों में रहने वाले दलितों में व्याप्त

'जातीयता भेद' का इशारा करती है। और इसके अलावा उन पर पड़ने वाले पूँजीवादी सामन्तवादी व्यवस्थाओं के कुप्रभावों को भी। जो लोग 'शवयात्रा' को दलितों में जाति भेद फैलाने वाली और फूट डालने वाली कहानी मान रहे थे उन्हीं की देख-रेख में ही यह कहानी भी वार्षिकी में छपी है। क्या इसको नोटिस में नहीं लेंगे मोरवाल जी? बात ये है कि दलित विमर्श कोई ठहरी हुई चीज नहीं है, वह एक क्रियाशील और परिवर्तनशील कर्म है। बस यही एक बात मोरवाल जी समझना नहीं चाहते। दलित आन्दोलन एक व्यापक मानवीय आधार पर खड़ा आन्दोलन है, वह ज्यादा देर तक इस 'जातीय संकीर्णता' से घिरा नहीं रहेगा, जल्दी ही इससे निजात पा लेगा।

'दलित लेखक संघ' दलित साहित्यकारों का संघ है। उसमें सभी दलित उपजातियों के लेखकों को आने की छूट है और चुनाव के जरिये उनमें से किसी भी उपजाति का साहित्यकार इसका अध्यक्ष हो सकता है। अभी केवल दो उपजातियों के लोग इसमें मुख्य भूमिका निभा रहे हैं। इसीलिए दलित लेखक संघ की कार्यकारिणी में दोनों उप-जातियों के लोगों का सन्तुलन बनाये रखना चुनौती का काम है। महेन्द्र बैनीवाल के नाम का प्रस्ताव करते वक्त रजनी तिलक की टिप्पणी इसी सन्दर्भ में देखी जानी चाहिए। जब दलेस में कई उप-जातियों के लोग सक्रिय हो जायेंगे तब यह सन्तुलन चुनाव प्रक्रिया के द्वारा और विचारधारात्मक मसलों पर बनेगा पर अभी फिलहाल यही स्थिति है। ऐन चुनाव के वक्त रजनी तिलक की जो बात सूरजपाल चौहान को नश्तर की तरह चुभ गयी, मैं पूछना चाहता हूँ उन्होंने उसका विरोध क्यों नहीं किया? पहले वह चुप क्यों रह गये? बाकी सब तो जाति दुर्भावना से ग्रस्त थे और वह उससे मुक्त फिर वह क्यों नहीं बोले? पिछले एक साल से वह दलेस के अध्यक्ष थे। अगर उन्हें लग रहा था कि दलेस में जातीय दुर्भावना बढ़ रही है, तो अध्यक्ष की हैसियत से उन्होंने इस दिशा में क्या काम किया? क्या उन्होंने दलेस में कभी इस बात को बहस का मुद्दा बनाया? अगर नहीं बनाया तो अब किसी दूसरे तथाकथित जाटव के अध्यक्ष बनते ही उन्हें वहाँ जातिवाद या मनुवाद कैसे नज़र आया? अब वे इस पर अपना रोना रो रहे हैं।

इन दोनों महानुभावों ने दलित साहित्य आन्दोलन में 'जातिवाद' के जिस अन्तर्विरोध को उजागर किया हैं। उसके केन्द्र में डॉ. तेज सिंह हैं। बकौल इनके डॉ. तेज सिंह जाटव है और संकीर्णतावादी हैं। मोरवाल की नज़र में डॉ. तेज सिंह इसलिए संकीर्णतावादी हैं क्योंकि वह जाटव हैं और सूरजपाल की नज़र में वे संकीर्णतावादी इसलिए हैं क्योंकि वह जाटव होने के साथ-साथ मार्क्सवादी भी हैं। वाह! सूरजपाल जी! क्या खूब पहचाना आपने जातिवाद और संकीर्णतावादक मूल कारक को।

सूरजपाल चौहान का कहना है कि वे वर्षों तक मार्क्सवादियों के बीच रहे हैं और इतने समय में जब मार्क्सवादियों के बीच उनकी पहचान नहीं बनी तो वे अपनी

पहचान बनाने के लिए दलित साहित्य आन्दोलन में कूद पड़े। अब सवाल ये है कि क्या कोई दलित, दलित आन्दोलन में केवल अपनी पहचान बनाने के लिए आ रहा है। डॉ. तेज सिंह अगर मार्क्सवादियों के बीच से दलित साहित्य आन्दोलन में आये हैं तो इसकी वजह टूट जाना है। तथाकथित वामपन्थी संगठनों में जो दलित, दलित-मुक्ति के प्रश्न को लेकर गये थे वहाँ उन्हें उत्तर नहीं मिला। यह बहुत अच्छा है कि डॉ. तेज सिंह जैसे लोग अब अपने आन्दोलन में वापस लौट रहे हैं। इसमें दलित साहित्य आन्दोलन का फायदा ही है नुकसान नहीं।

ये सही है कि कुछ लोग दलित साहित्य आन्दोलन में अपनी वैयक्तिक आकांक्षाओं की पूर्ति के लिए आ रहे हैं। यह कोई नयी बात नहीं है। किन्तु यह नहीं भूलना चाहिए कि दलित साहित्य आन्दोलन कुछ खास व्यक्तियों की वैयक्तिक महत्त्वाकांक्षाओं की पूर्ति का आरामगाह नहीं है, और न ही उनको पूरा करने का साधन है। दलित साहित्य आन्दोलन सम्पूर्ण दलित जीवन की ट्रेजेडी की अभिव्यक्ति है। वह एक सामूहिक प्रमाण है। इस सामूहिक प्रमाण में शामिल होकर ही उनकी वैयक्तिक महत्त्वाकांक्षा सामूहिक महत्त्वाकांक्षा बनेगी। दलित साहित्य आन्दोलन में वैयक्तिक स्वार्थों के साधकों के लिए कोई जगह नहीं है ऐसे लोग यहाँ ज्यादा देर तक नहीं टिक पायेंगे। वे अन्ततः दलित विरोधी ही साबित होंगे और दलित आन्दोलन उन्हें पीछे छोड़कर आगे बढ़ जायेगा। डॉ. तेज सिंह अगर संकीर्ण मानसिकतावादी हैं तो वह यहाँ ज्यादा देर तक टिक नहीं पायेंगे। उन्हें या तो अपनी संकीर्ण मानसिकता का त्याग करना पड़ेगा या फिर दलित आन्दोलन की नयी शक्तियाँ उन्हें बाहर कर देंगी।

सूरजपाल चौहान ने हंस में जनवरी अंक में छपे उनके लेख (हिन्दी उपन्यास : दलित विमर्श का पुराख्यान) का हवाला दिया है और कहा है कि यह लेख संकीर्ण मानसिकता से भरा पड़ा है। डॉ. तेज सिंह का लेख सवर्ण कथाकारों, उपन्यासकारों की दलित चेतना का खुलासा करने वाला लेख है। इस लेख में सवर्ण साहित्यकारों की दलितों के प्रति तंगनज़री और फूट की मानसिकता का खुलासा किया है। उन्होंने लिखा है कि वे दलितों की समस्या और उनके मर्म को ठीक से नहीं जान पाते और वे उसे गलत दिशा में ले जाने का प्रयास किया है। वे अपनी सवर्ण मानसिकता को छोड़ नहीं पाते हैं। और अपने लेखन में किसी न किसी रूप में उसी से काम लेते हैं।

इसके अलावा सूरजपाल चौहान ने उनकी हाल ही में प्रकाशित एक किताब (आज का दलित साहित्य) के बारे में लिखा है कि यह एक आधी-अधूरी और संकीर्ण मानसिकतावादी रचना है। उन्होंने यह बताने की जहमत नहीं उठाई कि इस किताब में संकीर्ण मानसिकता किस रूप में है और कहाँ-कहाँ? और तो और उन्होंने उस किताब से एक पंक्ति भी ऐसी उद्धत नहीं की है जिससे यह साबित हो कि उसमें संकीर्ण मानसिकता से काम लिया है। सिर्फ यह कह देने भर से कि अमुक रचना

संकीर्णतावादी है, से वह रचना संकीर्णतावादी नहीं हो जाती उसे सिद्ध करना होता है और यह काम उन्होंने नहीं किया है।

सूरजपाल चौहान ने डॉ. तेज सिंह के बारे में कहा है कि वे संकीर्ण मानसिकतावादी हैं। दलित साहित्य का उनका ज्ञान अधकचरा है। इसीलिए वे समय-समय पर दलित साहित्य के बारे में फतवे जारी करते रहते हैं। सूरजपाल जी बुरा न मानें। डॉ. तेज सिंह फतवे जारी करते हैं या नहीं किन्तु इनकी उपरोक्त टिप्पणियों से पता चलता है कि खुद सूरजपाल चौहान ज़रूर फतवा जारी कर रहे हैं। किसी किताब को बिना पढ़े-समझे एक लाइन में उसे संकीर्ण मानसिकतावादी बता देना यह किसी कुशल फतवाकार का ही काम हो सकता है।

'आज का दलित साहित्य' संकीर्ण मानसिकतावादी है या नहीं यह सिद्ध करना इस लेख का विषय नहीं हैं किन्तु उस पुस्तक पर एक स्वतन्त्र लेख अपेक्षित है। किन्तु इतना अवश्य कहूँगा कि इस किताब पर दिल्ली विश्वविद्यालय में आयोजित परिचर्चा में राजेन्द्र यादव, जयप्रकाश कर्दम अजय तिवारी जैसे दलित साहित्य के पैरोकार उपस्थित थे जिन्होंने इस पुस्तक पर स्वतन्त्र विचार प्रकट किये थे। सभी ने दलित साहित्य का व्यापक दृष्टिकोण से जाँच-पड़ताल करने वाली आलोचना पुस्तक माना है। (सूरजपाल जी चाहें तो पिछले वर्ष हम दलित में इस पुस्तक पर आयोजित परिचर्चा की मनोज केन द्वारा लिखित रपट देख सकते हैं)

आगे सूरजपाल चौहान ने डॉ. तेजसिंह को दलित साहित्य का अलम्बरदार माना है तो इस बारे में बस इतना ही कहना है कि दलित साहित्य का अलम्बरदार कोई एक व्यक्ति नहीं है, वे सभी हैं जो दलित साहित्य आन्दोलन में पूरी शिद्दत में लगे हैं। हम सब दलित साहित्य के अलम्बरदार हैं और दलित साहित्य के अलम्बरदार बनकर हमें व्यापक जनवादी और प्रगतिशील मूल्यों वाले दलित साहित्य आन्दोलन के निर्माण में अपनी-अपनी भूमिका एक सामूहिक उद्देश्य की तरह निभानी है।

—'वर्तमान साहित्य', अप्रैल, 2001—मुकेश मानस

यह ब्राह्मणवादी षड्यन्त्र है

सूरजपाल जी (भाषण उनके लिए, राशन अपने लिए, जुलाई 03) लेख में कविता मत करिए? एक ही काम साधिए, बेहतर होगा, चमार-भगी प्रसंग अब छोड़ दीजिए, यह गर्व-गौरव की बात नहीं है कि बार-बार इस प्रसंग को उछाला जाय। मोरवाल दलित हैं या नहीं, यह मैं भी जानता हूँ और 'काला पहाड़' के पाठक भी, पर जाने आप क्यों जिद किये बैठे हैं उन्हें दलित साहित्यकारों की पाँत में शामिल करने को। दलित पाठक उस रचना को अपना मानेंगे जिसमें उनका स्वत्व झलकेगा, वरना खारिज कर देंगे। यह पाठक का विशेषाधिकार है।

तिरस्कृत, अपने-अपने पिंजरे यदि हमें अपनी लगती हैं, तो ज़रूरी नहीं कि 'नाच्यौ बहुत गोपाल' मोरी की ईंट भी लगे। स्मरण रहे, रचना मुख्य होती है, रचनाकार नहीं। आप लिखते हैं कुछ दलित युवा लेखक दलित मठाधीशों के कारण इस आन्दोलन से जुड़ नहीं पा रहे। यह वक्तव्य भ्रामक ही नहीं, शोचनीय भी है। अगर कोई सिर्फ इसीलिए नहीं जुड़ पा रहा है, तो यह उसकी व्यक्तिगत हीनता हैं। दलित आन्दोलन किसी एक व्यक्ति या कुछ व्यक्तियों की बपौती नहीं है। उन्हें अपने स्तर पर रचना-कर्म अवश्य करना चाहिए। क्या कोई उनका हाथ पकड़ रहा है? तमाम विरोधों के बाबजूद क्या गैर-दलितों ने दलित साहित्य में हाथ आजमाना बन्द कर दिया है? यह तो सिर्फ एक्सक्यूसेज है। रत्न कुमार साँभरिया की पत्रिकाओं में कहानियाँ पढी हैं मैंने भी। 'हंस' में दो-ढाई साल पहले जो कहानी छपी थी, वह भी एक वृद्धा पर थी जिसे उसके पुत्र-पुत्रवधू घर से निकाल देते हैं। कौन सी दलित रचना उन्होंने अब तक लिखी है? चलते-चलते आपको एक सलाह कि ब्राह्मणों के इस मायाजाल में आप न पड़ें, यह ब्राह्मणवादी षड्यन्त्र की ही एक रणनीति है कि हम आपस में ही लड़ मरें।

डॉ. धर्मवीर निस्सन्देह एक उच्चकोटि के विचारक हैं, पर ज़रूरी नहीं कि उनकी सभी बातों से सहमत हुआ ही जाय, साथ ही साथ मैं यह अवश्य कहूँगा कि धर्मवीर पर जिस तरह से चौतरफे हमले हो रहे हैं, वे सरासर मन्तव्य प्रेरित हैं, उन्होंने कुछ आत्यन्तिक बातें कही ज़रूरी हैं पर किसी विशेष परिप्रेक्ष्य के मद्देनज़र,

हमें उनके समग्र कथन पर ध्यान देना चाहिए। यहाँ मैं यह अवश्य स्पष्ट करना चाहूँगा कि उनके डी.एन.ए. टैस्ट वाले शगूफे पर मैं एकदम सहमत नहीं हूँ। यह सरासर शर्मनाक लगता है अभी, हालाँकि इसके माध्यम से भी वो स्त्रियों को उचित सम्मान और अपेक्षित स्थान ही दिलाना चाहते हैं, यह सारे मामले को दलित दृष्टि से देखना है, जिसमें सवर्ण पुरुषों को दलित स्त्रियों को भोगने का विशेषाधिकार मिला हुआ है। सेक्स की उच्छृंखल छूट ही स्वतन्त्रता नहीं है, यह स्त्रियों को ही नहीं पुरुषों को भी समझना होगा।

—'कथादेश', अगस्त, 2003—अजय नावरिया

वैकल्पिक सामाजिक इतिहास है दलित साहित्य

दलित साहित्य को ऐतिहासिक दस्तावेज बताते हुए वरिष्ठ लेखक तुलसीराम ने कहा कि समूचा दलित साहित्य वैकल्पिक सामाजिक इतिहास है। इससे अच्छा दस्तावेजीकरण कुछ और इसलिए नहीं हो सकता क्योंकि यह दस्तावेज हमने खुद तैयार किया है।

'समकालीन भारतीय दलित साहित्य क्षितिजों के पार' विषय पर आयोजित तीन-दिवसीय संगोष्ठी के उद्घाटन के अवसर पर अपने अध्यक्षीय व्याख्यान में तुलसी राम ने कहा कि दलित साहित्य की नींव बौद्ध काल में ही पड़ गयी थी और मध्ययुगीन सन्त साहित्य में भी दलितों की आवाज सुनी जा सकती है। उन्होंने कहा कि आधुनिक दलित साहित्य की शुरुआत महाराष्ट्र में 1966 में हुई। इन तीनों में एक समान बात यह है कि इन सभी में जातिवाद का विरोध है। उन्होंने कहा कि हमारे यहाँ दलित की अवधारणा और जातीय भेदभाव आर्यों के आगमन के साथ शुरू हुआ।

तुलसी राम ने कहा कि दलित साहित्य के कारण ही हिन्दी साहित्य को सार्वभौमिक पहचान मिलेगी। जो कुछ दलित लिख रहे हैं वही दलित साहित्य है, ऐसा मानने से बचने की सलाह देते हुए उन्होंने कहा कि वंचितों के शोषण के खिलाफ जो भी लिखा जा रहा है। वह दलित साहित्य है।

चर्चित आत्मकथा लेखक नरेंद्र जाधव ने दलित चिन्तन की प्रेरणा बाबा साहेब अम्बेडकर को बताते हुए कहा कि दलित लेखकों की ओर से आज जो भी लिखा जा रहा है। वह नया व समतामूलक समाज रचने के लिए विद्रोह है। यह अच्छी बात है कि युवा पीढ़ी इस मुहिम को सम्भाल रही है। उन्होंने माना कि भारतीय साहित्य की वैश्विक पहचान इस वक्त दलित साहित्य साहित्य अकादेमी के मराठी परामर्शमंडल के संयोजक और दलित लेखक लक्ष्मण गायकवाड़ ने अपने आरम्भिक वक्तव्य में कहा कि दलित साहित्य किसी के खिलाफ नहीं है, वह वंचितों की आवाज है और वह किसी के साथ भेदभाव नहीं करता। उन्होंने दलित साहित्य में मौजूद गुटबाजी से बचने की भी सलाह दी। स्वागत वक्तव्य अकादेमी के सचिव अग्रहार कृष्णमूर्ति ने दिया।

'जाति उत्पीड़न और दलित साहित्य' विषय पर पहले सत्र में सूरजपाल चौहान ने कहा कि दलित साहित्य ने एक नया सौन्दर्य शास्त्र गढ़ा है। उन्होंने आजादी के इतिहास में दलितों के योगदान की उपेक्षा किये जाने का आरोप लगाते हुए यह भी कहा कि आजादी के इतिहास को दलित दृष्टि से दुबारा लिखे जाने की ज़रूरत है।

'आत्मकथा में सृजनात्मक भावाभिव्यक्ति' विषयक दूसरे सत्र के दौरान शरणकुमार लिंबाले ने अपने अध्यक्षीय वक्तव्य में कहा कि दलित साहित्य को समझने के लिए जाति-व्यवस्था का आकलन ज़रूरी है। उन्होंने कहा कि दलित लेखक की आत्मकथा दलित समाज की प्रतिनिधि होती है। उन्होंने दलित आत्मकथा को ऐतिहासिक दस्तावेज कहे जाने के तुलसी राम के वक्तव्य का हवाला देते हुए कहा कि मैं उसे सिर्फ ऐतिहासिक दस्तावेज के रूप में नहीं देखता, बल्कि मानवाधिकारों के घोषणा-पत्र के रूप में देखता हूँ। उन्होंने बताया कि हमारे समाज में आत्मकथा लब्धप्रतिष्ठित लोग लिखा करते थे, दलितों ने इस मानक को तोड़ा और आत्मकथा का हथियार की तरह इस्तेमाल किया। इस तरह दलित आत्मकथा ने सफेदपोश मानदंडों को खारिज किया। उन्होंने जोर देकर कहा कि आत्मकथा की कसौटी सत्य है और सत्य कहने के परिणाम भोगने होते हैं। उन्होंने यह भी कहा कि दलित लेखक को प्रतिबद्ध और प्रामाणिक होना चाहिए।

लक्ष्मण गायकवाड़ ने इस सत्र में कहा कि दलित आत्मकथा वैयक्तिक नहीं है, बल्कि पूरे समाज का इतिहास होती है। उन्होंने माना कि कुछ लोग दलित आत्मकथाओं में दोहराव की बात करते हैं, लेकिन साहित्य के चमन में जब अलग-अलग फूल खिलेंगे तभी वह चमन बनेगा। उन्होंने मैत्रेयी पुष्पा की तरह सवर्णों की लिखी आत्मकथाओं का स्वागत किये जाने की ज़रूरत बताई और कहा कि दलितों में भी स्त्रियों के साथ जो भेदभाव होता है उस पर भी विचार किया जाना चाहिए।

विमल थोरात ने कहा कि दलित साहित्य सिर्फ लेखन नहीं है, वह अब विद्रोह का रूप ले चुका है और यह सर्जनात्मक विस्फोट के रूप में रूढ़वादियों और कलावादियों को चुनौती दे रहा है. उन्होने दलित महिलाओं के तिहरे शोषण को रेखांकित करने वाली दलित लेखिकाओं की आत्मकथाओं का जिक्र करते हुए बताया कि दलित स्त्रियाँ जो लिख रही हैं उसे दलित लेखकों द्वारा मनुवादी शब्दावली उधार लेकर व्यभिचारिणी तक कहा जा रहा है, जबकि ऐसे लेखन का हमें स्वागत करना चाहिए। अजय नावरिया ने तुलसी राम की आत्मकथा 'मुर्दहिया' को हिन्दी में सर्वाधिक महत्त्वपूर्ण बताया।

—'जनसत्ता', दिल्ली, 22 अप्रैल 2011

फुसफुसाहट में साजिश

वरिष्ठ लेखक सूरजपाल चौहान ने साहित्य अकादेमी के सभागार में पिछले तेईस अप्रैल को घटी घटना के सन्दर्भ में 'आजादी बनाम अंकुश' (जनसंत्ता 1 मई) में अपना पक्ष रखा है। सूरजपाल जी के इस लेख से वस्तुस्थिति स्पष्ट होने के बजाय और धुँधली हो गयी है। लगता है, सोची-समझी योजना के तहत कुछ चीजें 'सार्वजनिक' की जा रही हैं, और बहुत सी बातों को गोपनीय खाते में डाला जा रहा है।

मराठी दलित साहित्य के सम्मानित रचनाकार लक्ष्मण गायकवाड़ को सूरजपाल जी ने जिस तरह कठघरे में खड़ा किया है, उसे उचित नहीं ठहराया जा सकता। चूँकि यह 'विवाद' मेरे व्याख्यान से जुड़ा हुआ है, इसलिए इसकी पृष्ठभूमि का खुलासा ज़रूरी लग रहा है।

'समकालीन भारतीय दलित साहित्य' विषय पर साहित्य अकादेमी द्वारा आयोजित संगोष्ठी कुल आठ सत्रों में सम्पन्न हुई। अकादेमी द्वारा जारी निमन्त्रण-पत्र में हिन्दीभाषी वक्ताओं की संख्या सत्रह है और मराठीभाषी वक्ताओं की नौ। मराठी दलित लेखकों के बहुसंख्यक होने का जो मुद्दा सूरजपाल जी ने उठाया है वह तथ्यपरक नहीं है। क्षेत्रवादी रवैया हिन्दी वालों का है या मराठी वालों का? लेख की भाषा और वक्ताओं की भाषावार संख्या इसका उत्तर दे देते हैं। हिन्दी-मराठी के अलावा अन्य भारतीय भाषाओं के वक्ताओं की संख्या अलबत्ता चिन्ता का विषय होनी चाहिए थी। विमल थोराट को मराठी लेखिका मानना पूर्वाग्रहपूर्ण है। उनकी सभी किताबें हिन्दी में हैं। वे हिन्दी की प्राध्यापिका हैं। हाँ, उन्होंने मराठी से हिन्दी में अनुवाद किये हैं, जिसके लिए उनकी प्रशंसा की जानी चाहिए। दलित-लेखन में किसका कितना योगदान है इसका विश्लेषण अवश्य होना चाहिए, लेकिन साथ ही दलित लेखन की परिभाषा भी निर्धारित कर लेनी चाहिए। बुद्ध-अम्बेडकर-विरोधी, स्त्री-विरोधी, ईश्वरवादी, मनुवादी...लेखन को क्या दलित-लेखन माना जायेगा? क्या हिन्दी दलित लेखन अपने को अम्बेडकर से जोड़ने के बजाय हीरा डोम, स्वामी अछूतानन्द और ललई सिंह यादव से जोड़ कर सन्तुष्ट हो जायेगा?

'हिन्दीवादी' उत्साह के अतिरेक में सूरजपाल जी ने जिस 'विचार-विद्रूप' का

समर्थन किया है उस पर उन्हें पुनर्विचार की ज़रूरत महसूस होनी चाहिए। उन्होंने जिस तरीके से लक्ष्मण गायकवाड़ की प्रतिक्रिया दर्ज की है, वह भी चिन्तनीय है। उन्होंने लिखा है, वे (गायकवाड़) एक लठैत की तरह बिना किसी की अनुमति के मंच पर चढ़ बैठे और माइक पर बलात अधिकार जमा कर धर्मवीर को लेकर प्रलाप करने लगे।' सच तो यह है कि लक्ष्मण गायकवाड़ ने सत्र के अध्यक्ष दलपत चौहान से अनुमति लेकर ही अपनी बात रखी थी। क्योंकि मेरे पर्चे में उनका नाम आया था, इसलिए उनकी तरफ से स्पष्टीकरण ज़रूरी हो गया था। मोहनदास नैमिशराय के हवाले से यह प्रसंग छिड़ा था। वे भी सामने ही बैठे थे। उन्होंने गायकवाड़ का कोई प्रतिवाद नहीं किया। नैमिशराय अगले सत्र के आमंत्रित वक्ता थे। अपने व्याख्यान में भी वे इस मसले पर कुछ नहीं बोले।

नैमिशराय जी 'बयान' (हिन्दी मासिक) पत्रिका के सम्पादक हैं। पत्रिका के प्रादेशिक प्रतिनिधियों में लक्ष्मण गायकवाड़ (मुम्बई) का नाम है। इसमें कुछ दूसरे चर्चित लोगों के नाम भी हैं—द्वारका भारती (पंजाब), हरीश मंगलम (अहमदाबाद) ...पत्रिका ने मार्च अंक में धर्मवीर का साक्षात्कार प्रकाशित किया है। इसमें धर्मवीर ने कई 'ज्वलन्त' मुद्दों पर अपना पक्ष रखा है। इनका पक्ष उनके ही शब्दों में देखें :

—'द्विज लेखिकाएँ अपने लिए बे-रोक-टोक सैक्स चाहती हैं। वे पितृसत्ता का विरोध करती हैं।'

—'जारिणी भी अपने पति से किसी अन्य के बच्चे को पलवाना चाहती है। 'कफ़न' के घीसू-माधव इसीलिए तो बुधिया को मरने को छोड़ देते हैं, क्योंकि उसके गर्भ में जमींदार का पोता या पोती थी।

—'इन दोनो (ब्राह्मण स्त्री-पुरुष) को चौबीसों घंटे सेक्स के सिवाय कुछ नहीं सूझता। इन्हीं की देखा-देखी हमारी भी कुछ स्त्रियाँ जारिणी हो गयी हैं।...ये निठल्ली बुरी स्त्रियाँ पूरी तरह नंग और बेशर्म हो गयी हैं।'

—'कई बार नालायक लड़के या लड़की प्रेम-विवाह में गिरते हैं।'

—'जहाँ तक दलित लड़के-लड़कियों की बात है, मेरा सुझाव है कि वे प्रेम-विवाह के चक्कर में न पड़ें।'

—'आपने कैसे मान लिया कि मैं जाति तोड़ने की बात कर रहा हूँ।'

—'मेरा दलित बालकों से अनुरोध है कि वे अपने माता-पिता की मेहनत को समझें। ...प्रेम-विवाह के नाम पर उनकी सारी मेहनत मिट्टी में मिल जाती है। वे प्रेम-विवाह करें तो अपनी जातियों में ही करें।'

इस साक्षात्कार में धर्मवीर यह भी बताते हैं कि वे दलितों के लिए 'पर्सनल कानून' 'संहिंताबद्ध कर चुके हैं। यह भी कि 'पर्सनल कानूनों में प्रेम-विवाह का कोई अस्तित्व नहीं है।'

धर्मवीर के विचारों को किसी पत्रिका में जगह देना एक सीमा तक दिक्कत तलब नहीं है। दिक्कत तब आती है जब पत्रिका उनके 'मनुष्य विरोधी' विचारों का समर्थन करने लगे। 'बयान' पत्रिका में धर्मवीर के साक्षात्कार की जो प्रस्तावना दी गयी है उसमें (उस पत्रिका द्वारा) धर्मवीर के विचारों का पूर्ण समर्थन किया गया है। इस प्रस्तावना के तीन वाक्य द्रटव्य हैं :

—'अपनी लेखनी से उन्होंने (धर्मवीर ने) दलितों की समस्याओं को जड़ से मिटा दिया है।'

—'दलितों के पास डॉ. (धर्मवीर) साहब की दिखाई बातों पर चलने के सिवाय कोई विकल्प है ही नहीं।'

—'ढाई हजार साल में पहली बार दलित कहे जा रहे लोगों के चेहरे पर मुस्कान दिखाई दे रही है।'

मेरे पर्चे में ये तीनों वाक्य उद्धृत थे। इन्हें पढ़ने के बाद मैंने 'बयान' के सम्पादक मंडल से जानना चाहा कि पत्रिका की वैचारिकी में यह बदलाव क्योंकर हुआ है? सम्पादक मंडल को दलितों की समस्याएँ अगर जड़ से मिटी दिखाई दे रही हैं तो गोहाना से लेकर खैरलांजी होते हुए मिर्चपुर तक फैली घटनाएँ किस समाज से सम्बधित हैं? दलितों के समक्ष अगर एकमात्र विकल्प धर्मवीर का विचार-दर्शन है तो अम्बेडकरके चिन्तन पर अब उसकी क्या राय है? सम्पादक-मंडल दलितों के चेहरे पर ढाई हजार साल पहली बार मुस्कराहट देख रहा है। इस चमत्कार को जारवादी नशे का परिणाम माना जाये या कुछ और?

मेरे देखते 'बयान' सम्पादक-मंडल के तीन सदस्य उस सभागार में उस समय उपस्थित थे—नैमिशराय, गायकवाड़ और शेखर। मेरा सवाल तीनों से था। नैमिशराय और शेखर तो दिल्लीवासी हैं। उन्होंने सलाह-मशविरे के बाद ही ऐसी प्रस्तावना दी होगी, लेकिन लक्ष्मण गायकवाड़ की फौरी प्रतिक्रिया से जाहिर हो गया कि उन्हें पत्रिका के इस नीतिगत विचलन की जानकारी नहीं थी। उनका रोष स्वाभाविक था। जिस मनुवाद के विरुद्ध वे लिखते-बोलते आन्दोलन करते रहे हैं और उन्हें उसी का समर्थक बना दिया गया था। वे अपने का ठगा-सा महसूस कर रहे थे। उनके नाम का, उनकी अम्बेडकरवादी पहचान का दुरुपयोग हुआ था। उनकी उग्रतर प्रतिक्रिया भी वाजिब मानी जाती, लेकिन उन्होंने अपने को भरसक संयत किया और मंच से नैमिशराय से कहा कि पत्रिका से उनका नाम हटा दिया जाये। सूरजपाल जी की नेक सलाह है कि इस बात को मंच से कहने के बजाय 'सत्र समाप्त होने पर अलग से नैमिशराय से कहा जाता। उन्हें लक्ष्मण गायकवाड़ का यह व्यवहार 'अभद्र' लगा। धर्मवीर के समर्थन में उतरने की यह स्वाभाविक परिणति हैं। धर्मवीर के विचारों में उन्हें किसी अभद्रता के दर्शन नहीं हुए। हिन्दी दलित-साहित्य का एक हिस्सा

साफ तौर पर स्त्री-विरोधी है। फुसफुसाहट उसकी पहचान है। लक्ष्मण गायकवाड़ ने अगर एकान्त में जाकर फुसफुसा कर नैमिशराय से अपनी बात कही होती तो कोई दिक्कत नहीं थी। यह समझ लेना चाहिए कि फुसफुसाहटों से साजिशें रची जाती हैं। समता के संघर्ष तो डंके की चोट पर हुआ करते हैं।

—'जनसत्ता', दिल्ली, 8 मई 2011—बजरंग बिहार तिवारी

आवेश बनाम आजादी

सूरजपाल चौहान का लेख आजादी बनाम अंकुश (1 मई) पढ़ा किसी समस्या की तह में जाकर उसकी पड़ताल करने के बजाय उन्होंने निजी आक्षेपों के सहारे अपनी उपस्थिति सुनिश्चित करने की कोशिश की है। वे लिखते हैं–'अन्य भारतीय भाषाओं में लिखे दलित साहित्य को मराठी दलित के डंडे से पीटा जा रहा है।' इस कथन को अतिशयोक्तिपूर्ण ही कहा जा सकता है, क्योंकि मराठी में अगर चेतनापूर्ण दलित साहित्य पहले लिखा गया है तो इसे स्वीकार करने में कोई बुराई नहीं है। अगर अन्य भारतीय भाषाओं में पहले लिखा गया है तो इसका प्रमाण देकर यह बात कही जा सकती है। वे आगे कहते हैं–'...मानो देश के अन्य क्षेत्रों में कोई अन्य दलित आन्दोलन हुआ ही नहीं है। हिन्दी दलित लेखन में न हीरा डोम हुए न स्वामी अछूतानन्द और न ललई सिंह यादव।'

सही है कि विभिन्न राज्यों में साहित्यिक आन्दोलन हुए हैं। मेरी अल्प जानकारी में उत्तर भारत में हीरा डोम, अछूतानन्द और ललई सिंह के अलावा भी बिहारीलाल हरित, चन्द्रिका प्रसाद जिज्ञासु आदि लेखक हुए हैं। और भी हुए होंगे। पर मुझे लगता है, कि बाबा साहब भीमराव अम्बेडकर की कार्यस्थली महाराष्ट्र होने के कारण वहाँ दलित चेतना का विकास अपेक्षया अधिक हुआ है। यही कारण है कि हम वहाँ चेतनापूर्ण दलित साहित्य का प्रादुर्भाव पहले हुआ पाते हैं। मसलन, अछूत, यादों के पंछी, अक्करमाशी आदि मराठी आत्मकथाएँ हिन्दी आत्मकथाओं से पहले प्रकाशित हुई हैं।

द्वेषपूर्ण भाषा में विमल थोरात के योगदान पर सवाल उठाते हुए सूरजपाल चौहान ने कहा है कि 'ले-देकर वे दिल्ली में दलितों के चन्द लोगों के एक गुट की अध्यक्ष बनी हुई हैं।' यह चौहान जी की अनभिज्ञता हो सकती है या उन्होंने यह जानबूझ कर भी लिखा होगा क्योंकि जितनी मुझे जानकारी है, विमल थोरात दलित साहित्यकारों में एक परिचित नाम हैं। 'दलित साहित्य का स्त्रीवादी स्वर' और 'मराठी दलित कविता और साठोत्तरी हिन्दी कविता में सामाजिक और राजनीतिक चेतना' जैसी किताबें लिखने के अलावा उन्होंने कई पुस्तकें सम्पादित की हैं। लेकिन पूर्वाग्रहों का जवाब उपलब्धियों का ब्योरा नहीं हो सकता।

इसी लेख में उन्होंनें मुझे धर्मवीर का पक्ष लेने वाला घोषित करते हुए मेरे भविष्य के प्रति सहानुभूति जताने की कोशिश की है। मैं साफ कर देना चाहता हूँ कि धर्मवीर जी से कभी मेरी मुलाकात नहीं हुई है, और न मैं उनकी रचनाओं से बहुत ज्यादा इत्तेफाक रखता हूँ। मैं समझता हूँ कि धर्मवीर जैसे कुछ लेखक अपनी रचनाओं में दलित समाज का जैसा चित्रण कर रहे हैं, उससे दलितों का अहित ही ज्यादा होगा। अपने लेख 'दृष्टि बनाम चेतना' में मैंने केवल प्रसंगवश धर्मवीर के लिखे का उदाहरण दिया था। यह उनके पक्ष में लिखना नहीं था। पाठक अपने तरीके इसका पाठ करने और अर्थ निकालने के लिए स्वतन्त्र हैं। दूसरी बात यह कि अपने लेख के बारे में सूरजपाल जी से मेरी कोई बात नहीं हुई। विमल थोरात के बारे में उन्होंने अपनी समझ और आग्रहों के हिसाब से अपनी बातें रखी हैं। मैंने अपनी समझ के अनुसार अपनी बात की कोशिश की और मुझे कोई निर्देशित नहीं कर सकता। लेकिन सूरजपाल जी निजी आक्षेप वर्णन के क्रम में यह भूल गये कि एक समय अखबार में मिली इतनी जगह का इस्तेमाल दलित साहित्य और समाज की समस्याओं का विश्लेषण करने के लिए कर सकते थे।

—'जनसत्ता', 4 मई 2011—राज वाल्मीकि

नाम बड़े और दर्शन छोटे

साहित्य अकादेमी की ओर से 21 से 23 अप्रैल 2011 तक रवीन्द्र भवन सभागार में दलित साहित्य पर त्रिदिवसीय संगोष्ठी का आयोजन हुआ। मुझे इस आयोजन का निमन्त्रण पत्र मिला और मैं 21 अप्रैल को सपत्नीक इस संगोष्ठी में सम्मिलित हुआ। प्रथम सत्र में दक्षिण भारतीय विद्वान प्रो. इनोक ने अंग्रेजी में देर तक अपना व्याख्यान दिया। हिन्दी के आयोजन में अंग्रेजी में वक्तव्य वह भी बाद में उबाऊ; खैर जैसे-तैसे सुन लिया। फिर सूरजपाल चौहान और गुजरात से पधारे दलपत चव्हाण ने अपने-अपने अन्दाज में विचार व्यक्त किये। दोनों ही वक्तव्य सराहे गये। हालाँकि वे पटरी से थोड़ा उतर गये थे।

भोजन के बाद दूसरा सत्र शुरू हुआ। इसमें आत्मकथा में सृजनात्मक भावाभिव्यक्ति विषय पर मराठी साहित्यकार शरणकुमार लिंबाले की अध्यक्षता में अजय नावरिया, विमल थोराट और लक्ष्मण गायकवाड़ के लिए बीस-बीस मिनट का समय तय किया गया। अजय नावरिया ने दलित आत्मकथाओं पर विश्लेषणात्मक टिप्पणियाँ करते हुए आरम्भ में विनम्रता से यह भी कहा कि वे मराठी नही जानते और अनुवाद सन्तुष्ट नहीं कर पाते इसलिए वे मराठी नहीं केवल हिन्दी की दलित आत्मकथाओं पर चर्चा करेंगे। उन्होंने तुलसीराम कृत 'मुर्दहिया' पर विस्तार से और ओमप्रकाश वाल्मीकि कृत 'जूठन' पर संक्षेप में चर्चा करते हुए शेष आत्मकथाओं पर यह कह कर मौन धारण कर लिया कि हिन्दी में केवल यही सवा आत्मकथा आयी है। यो सिरे से मोहनदास नैमिशराय की 'पिंजरे', सूरजपाल चौहान की 'तिरस्कृत' और 'सन्तप्त' और श्यौराजसिंह बेचैन की 'बचपन मेरे कन्धों पर' को उपेक्षित करना उनके चिन्तन में उदात्तता के अभाव को दर्शाता है। खैर, वे विषय पर ढंग से बोल रहे थे और लोग रुचि से सुन रहे थे। दस-बारह मिनट बाद लिंबाले जी ने उन्हें घूर कर देखा और एक-दो मिनट बाद टोक दिया। नावरिया अपनी बात बीच में ही समाप्त करके समय से पूर्व ही बैठ गये।

दूसरे वक्ता के क्रम पर विमल थोराट ने बीस मिनट की निर्धारित सीमा को धता बता कर पैंतीस मिनट तक अपना उबाऊ वक्तव्य दिया। तीसरे वक्ता चर्चित

मराठी रचनाकार लक्ष्मण गायकवाड़ ने बड़े ऊँचे स्वर में बोलना शुरू किया। इससे कई ऊँघने-सोने वाले श्रोता सचेत होकर सुनने लगे। कई बार वे उत्तेजित हुए और ऐसा लगा मानो अखाड़े में कोई पहलवान कुश्ती के लिए ललकार रहा हो। अरे भई, लेखक हो तो अपनी बात मंच पर शालीनता और विनम्रता से कहना भी क्यों नहीं सीखते। अन्त में शरणकुमार लिंबाले ने अध्यक्षीय वक्तव्य प्रस्तुत किया। वे ठीक-ठीक बोले पर वक्ताओं के बीच हिन्दी-मराठी अलग-अलग आँके गये। मंच पर आसीन कुल चार लेखकों में तीन मराठी के थे। लिंबाले की अजय नावरिया के प्रति उपेक्षा और विमल थोराट के प्रति अतिशय उदारता उनके पक्षपातपूर्ण व्यवहार को ही प्रदर्शित करती है। उन्हें सदाशयी और उदार होना चाहिए।

ऐसे कार्यक्रमों की सार्थकता तभी होगी जब वक्ता विषय के आधिकारिक विद्वान हों और वे समय, विषय और श्रोताओं का पूरा ध्यान रखते हुए अपने-अपने विचार प्रस्तुत करें। साहित्य अकादेमी को भी इस पर मनन करना चाहिए और ऐसे विषय रखे जाएँ जिन पर गवेषणापरक व्याख्यान हों और वक्ता-श्रोता के बीच संवाद की स्थिति बने, विवाद की नहीं।

—'जनसत्ता', 9 मई 2011—किशोर कुमार कौशल

दखल बेदखल

साहित्य अकादेमी में 'समकालीन भारतीय दलित साहित्य क्षितिजों से पार' विषय पर दिल्ली में हुई तीन-दिवसीय संगोष्ठी पर जनसत्ता में अच्छी चर्चा चल पड़ी है।

उस संगोष्ठी में कौन लोग प्रतिभागी थे, उनके नाम गिनाने के बजाय यह जाना जाये कि उसमें कौन लोग शामिल नहीं थे। जो नहीं थे, उनमें से कुछ के नाम इस प्रकार हैं—श्यौराज सिंह बेचैन, दिनेश राम, जयप्रकाश कर्दम और तेज सिंह। ये सब दिल्ली के हैं। दिल्ली के ही सोहनपाल सुमनाक्षर से अधिक दलित साहित्य की वाकफियत कौन रखता है? वे इस मिशन को लेकर पिछले पचीस-छब्बीस वर्षों से पूरे देश में और विदेशों में घूम रहे हैं। लखनऊ से प्रोफेसर कालीचरण स्नेही, हरियाणा से राजेन्द्र बड़गूजर, रामपुर से कँवल भारती और मसूरी से रूपनारायण सोनकर को बुलाने में क्या दिक्कत थी? बिहार से ठाकुर हरिनारायण और शिवनारायण को बुला लेते तो कौन सी हेठी हो जाती? बलबीर माधोपुरी का नाम था पर उनका दर्द पूछना चाहिए कि वे अनुपस्थित क्यों रहे। देहरादून से न आकर ओमप्रकाश वाल्मीकि इससे दूर रहे, क्यों? नागपुर से सुशीला टाकभौरे ने इस कार्यक्रम को वरीयता क्यों नहीं दी? अपना नाम बताना छोड़ रहा हूँ क्योंकि वहाँ न होते हुए भी वक्ताओं की नज़रों में मैं ही हर सीट पर बैठा हुआ था?

आश्चर्य है, श्यौराज सिंह बेचैन, सोहनपाल सुमनाक्षर और प्रोफेसर कालीचरण स्नेही महाराष्ट्र में एक एक दिन की साहित्यिक संगाठियों में विशेष रूप से आमंत्रित होकर हिन्दी के दलित साहित्य पर वर्षों से व्याख्यान दे रहे हैं, उनकी समझ बढ़ा रहे हैं और उन्हें मराठी के एकाकीपन से बाहर निकाल रहे हैं। लेकिन दिल्ली के इस तीन दिनों के लम्बे कार्यक्रम में इनमें से एक को भी नहीं न्योता गया। नुकसान किसका हुआ? भारतीय साहित्य का जो सम्भवतः इस संगोष्ठी का उद्देश्य कतई नहीं था।

मैं अपनी कहूँ, मुझे यह पता नहीं चल सका कि मराठी के दलित साहित्य में या किसी अन्य भारतीय भाषा के दलित साहित्य में क्या चल रहा है। मैं कुछ भी सीखने से वंचित रह गया। दूसरे, मेरे पास बताने के लिए जो कुछ नया है, उसका साझा नहीं कर सका। इन दोनों नुकसानों का कारण एक ही है कि मैं वहाँ नहीं

था। मैं औरों की सुनता और अपनी सुनाता, एक-दूसरे से आपसी जान-पहचान बढ़ती शैलियों और अभिव्यक्तियों की विविधता देखने को मिलती, आदान-प्रदान से विचारों में विकास और बदलाव होते, पर मेरे लेखे, इनमें से कुछ भी नहीं हुआ।

एक बात पक्की है कि दलित साहित्य में स्पर्धा नहीं, सहयोग है। भाषाओं के स्तर पर न्यूनाधिक ढूँढ़ना और व्यक्तियों के स्तर पर विशिष्टता की पहचान करने में कुछ गलत नहीं है। यह तुलनात्मक अध्ययन का जायज क्षेत्र है। लेकिन इनमें पालेबन्दी, घेरेबन्दी और दुश्मनी के लिए कोई गुंजाइश नहीं है। तब यह कैसी संगोष्ठी सम्पन्न हुई? इस आयोजन की सफलताएँ क्या हैं? इससे किसे और क्या हासिल हुआ? ऐसा लग रहा है, मानो क्रिकेट में मुम्बई इंडियंस की टीम दिल्ली डेयर डेविल्स की टीम को बिना खेले ही दिल्ली के फिरोजशाह कोटला मैदान में हरा कर चली गयी। यह भी नहीं कह सकते कि बारिश की वजह से मैच रद्द हो गया था। सन्तोष के लिए इस मैच को टाई हुआ भी तो नहीं कहा जा सकता।

इस संगोष्ठी में एक वक्ता ने कहा कि हिन्दी में 'मुर्दहिया' और 'जूठन' नाम की केवल सवा आत्मकथाएँ आयी हैं। पर वे महोदय अपने श्रोताओं को यह सच्चाई बताना कैसे भूल गये कि वे तो खुद पव्वा भर भी आलोचक नहीं हैं? यह हो सकता है कि 'मेरी पत्नी और भेड़िया' नाम की पुस्तक अपने कमजोर हाथों में उठाना उनके वश में न हो, पर कई दूसरी आत्मकथाओं के आकार-प्रकार इतने भारी-भरकम नहीं हैं। खुद मैंने 1951 में उत्तर प्रदेश के हजारी की अंग्रेजी में लिखी आत्मकथा 'एन इंडियन' आउटकास्ट : 'द ऑटोबायोग्राफी ऑफ एन अनटचेबल' की समीक्षा लिखी है। हिन्दी में मोहनदास नैमिशराय की 'अपने-अपने पिंजरे', सूरजपाल चौहान की 'तिरस्कृत' और श्यौराज सिंह बेचैन की 'मेरा बचपन मेरे कन्धों पर' आत्मकथाएँ सर्व-सुलभ हैं।

इसमें क्या बुराई है कि दलित साहित्यकारों में विचारों का वैभिन्न्य हैं? ये अलग-अलग स्तर हैं, जिन पर वे जी रहे हैं। यह उर्वरता का प्रतीक है। वे किसी खास मुद्दे पर एकमत भी हो सकते हैं। उसकी कोशिश जारी है। पर यह जान लिया जाये कि साहित्यकार विचारों से नहीं डरा करते बल्कि वे नये-नये विचारों के वाहक होते हैं। वे बौद्धिकता के क्षेत्र में नित नवीन खोज और प्रयोग किया करते हैं। परती भूमि को वे ही तोड़ते हैं और बंजर को हरियाली में बदल देते हैं।

इस मामले में हम अम्बेडकर को भी मानते हैं और अम्बेडकरके अव्वल आले गुरु कबीर को भी। इसमें किसी को क्या परेशानी है? हम अपनी दलित स्त्रियों को समझा रहे हैं कि मेमने की खाल में भेड़िए घूम रहे हैं; खा जायेंगे, बच कर रहों-क्यों न समझाएँ? इसमें किसी को क्या स्त्री- विरोध दीख रहा है? दलित साहित्य की परिभाषा हम तय करेंगे, बजरंग बिहारी तिवारी नहीं। तिवारी शिष्ट जिज्ञासु की तरह उसे सुनें और गुनें। गुरु बनने की कोशिश न करें। यहाँ ऐसी कोई जगह खाली नहीं है।

—'जनसत्ता', दिल्ली, 15 मई 2011—धर्मवीर

मान और मानक

बजरंग बिहारी तिवारी का लेख 'फुसफुसाहट में साजिश' (जनसत्ता, 8 मई) में धर्मवीर के स्त्री-विरोधी विचारों का पुरजोर विरोध किया गया है, जो स्वागतयोग्य है। मगर लगता है, इसमें धर्मवीर के विचारों को दलित साहित्य आन्दोलन का मानदंड मान लिया गया है। जबकि धर्मवीर के ऐसे लेखन को बहुत पहले नकारा जा चुका है। बजरंग बिहारी लिखते हैं : 'हिन्दी दलित साहित्य का एक हिस्सा साफ तौर पर स्त्री-विरोधी है। फुसफुसाहट उसकी पहचान है।' वह कौन-सा हिस्सा है? खुलासा करने की ज़रूरत है।

बजरंग कहते हैं, 'दलित लेखन की परिभाषा भी तय कर लेनी चाहिए।' कहा जा सकता है कि दलितों गैर-दलितों की क्रिया-प्रतिक्रिया और बयानबाजी से दलित साहित्य की निर्मिति नहीं हुई है, बल्कि दलित रचनाओं ने इसकी वैचारिकी बनाई है। उन रचनाओं से दलित साहित्य निर्मित होता है, जो दलित और गैर-दलित समाज के सच का बयान करती हुई समता का सपना दिखाती हैं। रोष, नकार, विरोध, गुस्सा और प्रतिक्रिया दलित साहित्य आन्दोलन नहीं है। दलित आत्मकथाओं, कविताओं, कहानियों, नाटकों और उपन्यासों से दलित साहित्य की वैचारिकी बनी है, जो फुले-अम्बेडकरके दर्शन और उनके सपनों पर आधारित है। फिर भी बजरंग बिहारी तिवारी को क्यों लगता है कि दलित लेखन की परिभाषा निर्धारित कर लेनी चाहिए।

अम्बेडकरवादी दलित रचनाओं में दलित अस्मिता, चेतना और अधिकारों के साथ-साथ गैर-दलित समाज की चिन्ताएँ भी शामिल हैं। दलित-लेखन में साम्प्रदायिकता, खाप पंचायतों के फरमान और सामन्ती और पूँजीवादी ताकतों को क्रूरताओं के प्रतिरोध का भाव भी देखा जा सकता हैं। यह दलित साहित्य आन्दोलन की व्यापकता का परिचायक है।

विचारणीय है कि दलित वर्ग में जन्म लेने वाले साहित्यकार और आलोचकों की प्रतिबद्धता कैसे तय होगी? क्या धर्मवीर दलित चेतना और अम्बेडकरवादी विचारधारा का प्रतिनिधित्व करने वाले आलोचक हैं? 'भारत अश्वघोष' त्रैमासिक पत्रिका के मई-जून 1998 अंक में तुलसी राम ने धर्मवीर के बुद्ध-विरोधी लेखन का पुरजोर

खंडन करते हुए तार्किक रूप से बौद्ध दर्शन को अम्बेडकरवादी वैचारिकी से सम्बद्ध किया है, जिसका तार्किक जवाब आज तक धर्मवीर को नहीं सूझा है। धर्मवीर के स्त्री-विरोधी विचारों के खिलाफ 'दलित स्त्री नैतिकता का तालिबानीकरण' शीर्षक से पुस्तक प्रकाशित हो चुकी है, जिसमें ओमप्रकाश वाल्मीकि ने भी उक्त विचारों के खिलाफ अपनी राय व्यक्त की है। समय-समय पर गैर-दलित आलोचक भी अपना विरोध दर्ज करते रहे हैं।

बजरंग बिहारी के लेख में धर्मवीर के जो स्त्री-विरोधी विचार उद्धृत हैं वे पिछले डेढ़ दशक से चले आ रहे हैं। फिर भी न तो अम्बेडकरवाद थमा है और न ही बौद्ध धर्म का प्रचार-प्रसार। इससे यह स्पष्ट हो चुका है कि धर्मवीर दलित वर्ग में पैदा होने के बावजूद अम्बेडकरवादी आलोचक-लेखक नहीं हैं। फिर भी अकसर उन्हें दलित साहित्यालोचना के केन्द्र में लाकर सनसनी क्यों फैलाई जा रही है? ऐसी सनसनी से दलित साहित्य आन्दोलन क्रिया प्रतिक्रिया का शिकार हो जायेगा।

हिन्दी भू-भाग में रहने वाले दलितों की सभी उपजातियों के सामाजिक-सांस्कृतिक पहलुओं की समाजशास्त्रीय दृष्टि से विश्लेषण की आवश्यकता है। दलित बौद्धिकों के भीतर पनप रहे अन्तर्विरोधों पर संजीदगी से विचार करने की ज़रूरत है। उनमें मौजूद पितृसत्तात्मक सोच के कारणों की विवेचना होनी चाहिए। इन सभी के पीछे ब्राह्मणवादी व्यवस्था है। इससे कैसे निपटा जाये, बहस इस पर भी होनी चाहिए। दलितों की दबी-छिपी आकांक्षाएँ-महात्त्वाकांक्षाएँ अगर प्रतिक्रियास्वरूप आ रही हैं, तो यह भारतीय समाज का सच है, जिसे देर-सवेर आना ही था। रचना और आलोचना की अम्बेडकरवादी वैचारिकी तय करेगी कि कौन कहाँ खड़ा है?

हिन्दी दलित साहित्य आन्दोलन के विकास में दलितों की सभी उपजातियों का साहित्यिक योगदान और उनके अन्तर्विरोधों के विवेचन की ज़रूरत है। उनमें अन्तर्विरोधों का पनपना एक स्वाभाविक प्रक्रिया है, ऐसी परिस्थितियों से अम्बेडकरवादी विचारधारा लगातार होड़ लेती हुई विकासमान है। अम्बेडकरवादी रचनाएँ दलित समाज के अन्तर्विरोधों को तोड़ती हुई दलित चेतना का नया इतिहास रच रही हैं।

प्रतिक्रियावाद अम्बेडकरवाद नहीं है। दलित साहित्य आन्दोलन में अम्बेडकरवाद का आशय समता, स्वतन्त्रता, बन्धुता, अहिंसा और करुणा से है तो इसकी पड़ताल की जानी चाहिए कि दिल्ली में गूँज रही आवाजें प्रतिक्रियावादी हैं या अम्बेडकरवादी। दलित साहित्य आन्दोलन दिल्ली के सिर्फ सभागारों, संगोष्ठियों और अखबारों में व्यक्त प्रतिक्रियाओं से तय नहीं हुआ है और न ही होगा, बल्कि समस्त भारत की सभी भाषाओं में सृजित अम्बेडकरवाद से दलित साहित्य की अवधारणा बनी है, जिसको बौद्ध दर्शन से अलगाया नहीं जा सकता।

दलित साहित्य, दलित साहित्यकार और दलित आलोचक किसे माना जाये? यह

तय करना ज्यादा ज़रूरी है। क्या दलित वर्ग में जन्म लेने मात्र से और उसके द्वारा कुछ भी लिखा या कहा हुआ दलित साहित्य की कोटि में स्वीकार किया जायेगा? अगर उसका आधार अम्बेडकरवादी विचारधारा न हो तो उसे दलित साहित्य की वैचारिकी में नहीं रखा जा सकता। ज्योतिबा फुले और अम्बेडकरके दर्शन, संघर्ष और अन्य परिवर्तनकामी आन्दोलनों की परम्परा के इतिहासबोध से दलित चेतना का विकास हुआ है। दलित चेतना का बोध, विकास और निर्मिति का मूल आधार बाबा साहब का जीवन-संघर्ष और उनका दर्शन ही है जो गरिमा, आत्मसम्मान और अधिकारों की माँग से गहरे स्तर तक जुड़ा है। राष्ट्रीय और अन्तरराष्ट्रीय स्तर पर दलित साहित्य और सामाजिक विज्ञान की बहसों में अम्बेडकरवाद के इसी महत्त्व को स्वीकार किया गया है।

प्रतिक्रियावाद को दलित साहित्य का आधार न बनाया जाये। आलोचना, प्रतिक्रियावाद और निन्दा को एक मान...की भूल नहीं की जानी चाहिए। दलित साहित्य आन्दोलन में अम्बेडकरवादी नजरिए से लिखा गया सृजनात्मक साहित्य ही दलित साहित्य है। दलित रचनाओं में व्यक्त अम्बेडकरवादी वैचारिकी ही वास्तविक दलित साहित्य है। दलितों के बारे में दलितों द्वारा कुछ भी लिखा, कहा और बोला हुआ और अम्बेडकरवादी चेतना के आधार पर कही गयी दलित साहित्य सर्जना को एक धरातल पर रख कर नहीं परखा जा सकता। इस मूलभूत अन्तर को समझे बगैर-दलित साहित्य आन्दोलन को नहीं समझा जा सकता।

'बयान' पत्रिका में छपे धर्मवीर के साक्षात्कार की प्रस्तावना पर सम्पादक की चुप्पी और साहित्य अकादेमी के दलित साहित्य संगोष्ठी में धर्मवीर के बुद्ध और स्त्री-विरोधी विचारों के समर्थन में मौन साधने वाले दलित लेखक-आलोचक को माफ नहीं किया जा सकता।

सूरजपाल चौहान के लेख 'आजादी बनाम अंकुश' (जनसत्ता, 1 मई) में भाषावाद, क्षेत्रवाद और अम्बेडकर विरोध की झलक मिलती है। दलित साहित्य आन्दोलन को अब खंडों में बाँटकर नहीं देखा जा सकता। अगर दलित साहित्य की वैचारिकी का आधार अम्बेडकरवादी विचारधारा है तो इस आन्दोलन को भारतीय दलित साहित्य आन्दोलन के परिप्रेक्ष्य में देखना होगा। दलित साहित्य का सौंदर्यशास्त्र भारतीय दलित साहित्य के सौंदर्यशास्त्र के रूप में निर्मित होगा। सूरजपाल चौहान को दलित चेतना और अम्बेडकरवादी विचारधारा पर मनन और मन्थन करना चाहिए। उनके लेख और मोहनदास नैमिशराय की चुप्पी ने बाध्य कर दिया है कि विश्वविद्यालय के पाठ्यक्रमों में शामिल इनकी रचनाओं की वैचारिकी पर पुनर्विचार किया जाये। दोनों लेखकों को अपनी संदिग्ध स्थिति को स्पष्ट करना होगा नहीं तो इतिहास उन्हें माफ नहीं करेगा। इसी सन्दर्भ में सात मई को विमल थोरात की अध्यक्षता

में सम्पन्न हुई दलित लेखक संघ, दिल्ली की कार्यकारिणी की बैठक में सर्वसम्मति से सूरजपाल चौहान के खिलाफ निन्दा प्रस्ताव पारित करते हुए उन्हें परामर्श मंडल से हटा दिया गया।

लक्ष्मण गायकवाड़ बुद्ध और अम्बेडकरवादी लेखक-चिन्तक और साहित्य अकादेमी के सम्मानित सदस्य हैं। साहित्य अकादेमी द्वारा पुरस्कृत हो चुके हैं। उन्हें भी अपनी जिम्मेदारी और जवाबदेही तय करनी होगी। संगोष्ठी-सम्मेलनों में व्यक्त भाषा बुद्ध और अम्बेडकरवादी होनी चाहिए। अम्बेडकरवादी विचारधारा की भी मर्यादित और सन्तुलित भाषा निर्धारित करनी होगी। प्रतिरोध का तेवर और भाषा कैसी हो इस पर गायकवाड़ विचार करें।

आज महत्त्वपूर्ण यह है कि दलित साहित्य आन्दोलन की कैसी राष्ट्रीय छवि निर्मित हो रही है? सम्पूर्ण भारतीय समाज के लिए उसके पास क्या विकल्प है? उसके पास सभ्यता, संस्कृति और समाज निर्मिति का किस तरह का खाका है—समता और करुणापरक या असमानता और घृणापरक? इसी से यह तय होगा कि वह बुद्ध-अम्बेडकरवादी साहित्य है या नहीं? सामाजिक परिवर्तन की आकांक्षा को फलीभूत करने के लिए प्रतिबद्ध दलित साहित्य आन्दोलन आज निर्णायक मोड़ पर है।

—'जनसत्ता', दिल्ली, 15 मई 2011—रामचन्द्र

नफ़रत की जुबान

बात छोटी है और बड़ी भी। छोटी इसलिए कि यह व्यक्तिगत आजादी का मामला है न कि 'हंस' पत्रिका के पुनर्प्रकाशन के पच्चीस वर्ष के उत्सव में शामिल होने या न होने का। बड़ी इसलिए है कि एक मशहूर दलित चिन्तक ने इस उत्सव में शामिल न होने का कारण यह बताया कि राजेंद्र जी का हंस हिन्दी में निकलता है और मैं हिन्दी के पक्ष में नहीं हूँ। उन्होंने यह भी जोड़ा कि जब राजेन्द्र यादव उनकी उस मुहिम में शामिल नहीं हैं, जो अेग्रेजी को दलितों के उद्धार के लिए विशेष रूप से देवी के रूप में प्रतिष्ठित करने में जुटी है, तो वे भी हंस के साथ नहीं हैं।

धर्मवीर, श्योराज सिंह बेचैन, सूरजपाल चौहान आदि अनेक दलित लेखकों को हंस ने बार-बार छापा और प्रमुखता दी है। दस वर्ष पहले ओमा शर्मा के साथ बातचीत में हंस के सम्पादक ने स्पष्ट शब्दों में कहा था कि रचनात्मक कमजोरी के बावजूद मैं इन्हें इसलिए छापता हूँ कि इन्हें सहारे की ज़रूरत है। बिल्कुल आरक्षण की तर्ज पर। इससे हंस संस्थापक प्रेमचन्द की प्रतिष्ठा बढ़ी ही है, राजेंद्र यादव के सरोकार भी सामने आये हैं। व्यक्तियों के उत्थान-पतन को छोड़ दें तो हंस के पूरे वैचारिक विमर्श में दलित और स्त्री सदा अव्वल नंबर पर रहे हैं।

अगर ये अव्वल नम्बर पर हैं तो इनकी भाषा, बोली, विचार को भी उतना ही महत्त्व देना होगा। क्या ओमप्रकाश वाल्मीकि 'जूठन' तुलसी राम 'मुर्दहिया' या श्योराज सिंह बेचैन 'बचपन कन्धो पर' जैसी आत्मकथा कभी अंग्रेजी में लिख सकते हैं? क्या हंस सम्पादक को तब तक इंतजार करना चाहिए जब तक ये दलित चिन्तक अंग्रेजी में लिखना शुरू न कर दें या वे अंग्रेजी दलितों की तलाश में अमेरिका-यूरोप छानें। पुनर्विचार हंस सम्पादक को भी करने की ज़रूरत हैं कि भाषा के मसले पर दलित चिन्तन ऐसा एकांगी एकपक्षीय तर्कहीन दिशा की तरफ क्यों जा रहा है? क्यों उसके चिन्तक मानते हैं कि अंग्रेजी के बूते ही वे स्वाभिमान और बराबरी की लड़ाई लड़ सकते हैं? दलित अंग्रेजी पढ़ें यह अच्छी बात है। लेकिन अपनी भाषा न पढ़ें या उसे नफ़रत की नज़र से देखें इसे दुर्भाग्य ही कहा जायेगा।

मैकाले की सारी कोशिशों के बावजूद अब भी हिन्दुस्तान में अंग्रेजी में सोचने,

बोलने या संवाद करने वाले पाँच प्रतिशत से ज्यादा नहीं होंगे। भाषा और संस्कृतियों का प्रसार इतनी आसान बात नहीं है। आंतरिक ज़रूरतें और प्रतिरोध बार-बार आड़े आता है। धर्म से भी ज्यादा भाषा समाज को जोड़ती है। पाकिस्तान, बांग्लादेश का अलग होना इसका सबसे ज्वलन्त उदाहरण है।

जाने-माने वैज्ञानिक और शिक्षाविद दौलत सिंह कोठारी ने देश के अन्तिम आदमी की भागीदारी सुनिश्चित करने के लिए देश की सर्वोच्च प्रशासनिक सेवाओं में 1979 में अपनी भाषा में उत्तर लिखने की छूट दी थी, जिसकी उल्टी गिनती इस वर्ष की सिविल सेवा परीक्षा से शुरू हो गयी है। उम्मीद थी कि दलित चिन्तकों की तरफ से अंग्रेजी के खिलाफ आवाज अधिक उठेगी, लेकिन जाहिर है कि उनमें से अधिकतर या तो मैकाले के भक्त बन चुके हैं, या एक-दो पीढ़ियों से लगातार दिल्ली, मुम्बई और बड़ी प्रशासनिक सेवाओं में रहने के बाद अंग्रेजी उन्हें अपनी भाषा लगने लगी है। याद दिलाने पर भी कहते हैं कि अंग्रेजी तो आनी ही चाहिए।

यही वह वर्ग हैं जो आरक्षण में मलाईदार तबके की बात को सवर्णों की नयी चाल कह कर बिदक उठता है, और आरक्षण को किसी भी कीमत पर अपने अमीर घेरे से निकाल कर गाँव के दलित गरीबों तक नहीं पहुँचने देना चाहता। क्योंकि हिन्दी इन्हीं गरीबों की ताकत है, इसलिए शहरी दलित उसे आगे बढ़ा कर अपनी प्रतिस्पर्धा क्यों बढ़ाएँ।

दलित चिन्तकों को जरा गहराई में जाकर सोचने की ज़रूरत है कि जो आरक्षण से प्रशासन में आये हैं उनमें बहुतायत अपनी भारतीय भाषाओं के बूते ही। अपनी भाषा में लिखने की छूट से इनकी भागीदारी बढ़ी है। कोठारी समिति ने जैसे ही अपनी भाषाओं में उत्तर लिखने की छूट दी इसमें प्रतिभागियों की संख्या बढ़ कर एक लाख के पार पहुँच गयी। एक साथ दस गुना वृद्धि। कोई भी समावेशी कदम भाषा के बिना नहीं उठाया जा सकता। अगर 'हंस' हिन्दी में निकल रहा है तो यह दलितों सहित सभी के हित में है। अगर दक्षिणपन्थी अंग्रेजी के प्रति ऐसा पूजा भाव दिखाते तो अब तक उनकी चिन्दी-चिन्दी कर दी जाती। आखिर ये चिन्तक क्यों गरीबों से उनकी भाषा छीनना चाहते हैं?

क्या उत्तर प्रदेश में शिक्षा-संस्कृति के गिरते स्तर को प्रत्यक्ष या परोक्ष रूप से अपनी भाषा हिन्दी के पतन से नहीं जोड़ा जा सकता? हिन्दी की दुर्गति अगर कहीं है तो वह हिन्दी प्रदेशों में।

—'जनसत्ता', 10 जून, 2011—प्रेमपाल शर्मा

दुचश्मी रागिनी

चौदह जून के जनसत्ता में 'प्रो. तुलसी राम दलित लेखक संघ के अध्यक्ष चुने गये' शीर्षक से एक खबर छपी थी। कोई पूछे कि दलित लेखक संघ की इस बैठक में गैर-दलितों की उपस्थिति और भागीदारी का क्या अर्थ लगाया जाये? पूना पैक्ट पर डॉ. अम्बेडकरके हस्ताक्षर होना राजनीतिक क्षेत्र की बात थी, लेकिन साहित्य में प्रो. तुलसी राम ने दलित लेखक संघ को गैर-दलितों के नाम खुद गिरवी रख दिया, जब उसके लिए चुनाव अधिकारी पर्यवेक्षक और कार्यकारिणी के सदस्य गैर-दलित बनाये गये। यह पृथक निर्वाचन मंडल को हराता हुआ संयुक्त निर्वाचन मंडल ही हुआ! बस कमी एक रह गयी, जाने कैसे नहीं सूझा कि दलित लेखक संघ का अध्यक्ष किसी गैर-दलितों को बना देते? अच्छा होता, आलोचना से बचने के लिए इस संस्था का नाम बदल कर 'दलित, गैर-दलित लेखक संघ' रख लेते। राजनीति के प्रोफेसर हैं और राजनीति नहीं आती।

यह जानने के बजाय कि उसमें कौन-कौन गैर-दलित लोग शामिल हुए, जाना यह जाये कि उसमें कौन-कौन दलित लेखक नहीं थे। सारे नाम गिनाने के बजाय कुछ ही गिनाये जायें कि उसमें सूरजपाल चौहान, श्यौराज सिंह बेचैन, दिनेश राम, कैलाश दहिया और राजेन्द्र बड़गूजर नहीं थे। उसमें कालीचरण स्नेही, यशवन्त वीरोदय, शत्रुघ्न कुमार के साथ-साथ मोहनदास नैमिशराय, जयप्रकाश कर्दम, गोविन्द प्रसाद और तेज सिंह भी नहीं थे। इनके अलावा ओमप्रकाश वाल्मीकि, कँवल भारती, मूलचन्द सोनकर और रूप नारायण सोनकर भी नहीं थे। निश्चित रूप से इसमें आयोजकों के सामान्य ज्ञान की कमी मानी जायेगी कि उन्हें यह पता नहीं है कि दलित साहित्यकारों में सोहनपाल सुमनाक्षर नाम के व्यक्ति भी हैं। और तब पूछना यह है कि इस जेठ के महीने में शुक्ल पक्ष की यह कैसी एकादशी पूजी गयी है।

गैर-दलितों को भी सोचना चाहिए था। वे दलितों की इस सभा से किनारा कर लेते। बस, बुलाये गये और बायें कन्धे पर मुड़वा चद्दर डाल कर रोटी खाने चल दिये। और तो और, गोपेश्वर सिंह तक दावत जीमने जा बैठे। राँची से वीएन पांडेय भागे-भागे चले आये—मानो परबी लुट रही थी। मेरी जानकारी में एक ब्राह्मण परिवार

सभा है। भला वे उसकी बैठकों में मुझे क्यों बुलायेंगे और मैं भी वहाँ ब्राह्मण समाज में ज्यों अछूत बनने क्यों जाऊँगा? मैं अगर गैर-दलित होता और दलित लेखक संघ के उपरोक्त कार्यक्रम में जाता तो आयोजनकर्ताओं को सौ न्यानतियाँ देकर आता। मैं पूछता कि इस कार्यक्रम में दलित लेखक क्यों नहीं बुलाये गये। मैं यह भी कहता कि अपना भला आप करो—हम गैर-दलितों के आश्रित मत रहो—अपनी रीढ़ के बल खुद खड़े होओ।

तुलसी राम ने 'मुर्दहिया' में दर्ज किया है कि ये अपने छात्र जीवन में ठाकुरों के लड़कों से दोस्ताना किया करते थे। ऐसे एक ठाकुर दोस्त ने एक दिन रामपुरी छुरी इनके सीने पर रख कर इनसे इनके दलित वजीफे के आधे रुपये लूट लिए। इन्होंने इस घटना पर लिखा है—हमेशा यह सोच कर चिन्तित हो जाता था कि पता चलने पर लोगों के बीच मुझे कितना शर्मिंदा होना पड़ेगा। हॉस्टल के छात्र भी यही कहेंगे कि ठाकुरों से दोस्ती का ऐसा ही परिणाम होता है। यह सोच कर मैंने इस घटना का जिक्र किसी से नहीं किया। कई छात्र गैर-दलितों से मेरी दोस्ती पर पहले ही उँगली उठा चुके थे।

पर अब क्या हो रहा है? क्या आज के दलित लेखक उन्हें सही सलाह नहीं दे रहे हैं? फर्क केवल इतना है कि तब ये वजीफे के पैसे देने में अकेले लुटे थे और आज अपने साथ दलित लेखक संघ को भी लुटवाने जा रहे हैं। गनीमत यही है कि इनके इस तथाकथित दलित लेखक संघ का कोई वजूद नहीं है। किसी एनजीओ के कर्मचारीगण लेखकों में शुमार कर दिये गये हैं। इस मायने में भारत सरकार के सारे बाबू लेखक ही तो हैं। परिभाषा बड़ी सीधी-सी है—जिसके हाथ में कलम वही लेखक। अपने इसी रेवड़ को तुलसी राम गैर-दलितों का बन्धुआ बनाने जा रहे हैं—ऐसे ही ये और ऐसा ही इनका यह रेवड़।

जाना यह भी जाये कि 22 अप्रैल के जनसत्ता में 'वैकल्पिक सामाजिक इतिहास है दलित साहित्य—तुलसी' शीर्षक से एक खबर छपी है। इसमें लिखा गया है कि साहित्य अकादेमी द्वारा 'समकालीन भारतीय दलित साहित्य क्षितिजों के पार' विषय पर आयोजित तीन दिवसीय संगोष्ठी के उद्घाटन के अवसर पर अध्यक्षीय भाषण में तुलसी राम ने कई बातें कही हैं। उनमें से एक बात यह है—जो कुछ दलित लिख रहे हैं, वही दलित साहित्य है, ऐसा मानने से बचने की सलाह देते हुए उन्होंने कहा कि वंचितों के शोषण के खिलाफ जो भी लिखा जा रहा है वह दलित साहित्य है। मतलब साफ है, अगली बार के दलित लेखक संघ के अध्यक्ष पद के लिए गैर-दलितों की दावेदारी पक्की हो गयी है। जाने कितने में बेच दें?

उधर गैर-दलित लेखक उदय प्रकाश ने 'पाखी' पत्रिका के लिए एक बातचीत में यह कह कर पहले ही अपनी दावेदारी ठोक रखी है कि लेखक से ज्यादा दलित

कोई हो ही नहीं सकता। यों, दोनों ओर से साजों की जुगलबन्दी में दुचश्मी रागिनी शुरू हो गयी है। उदय प्रकाश को 'मोहनदास पर पुरस्कार भी प्राप्त हो चुका है। यानी इस दलित लेखक संघ के जहाज की यही नियति है। यह गैर-दलितों द्वारा बन्धक भी बनाया जायेगा और कहीं किसी गुमनाम समुद्र में गिर कर नष्ट भी होगा। पायलट के रूप में दो महिला अध्यक्षों ने पहले ही इसका ईंधन खत्म कर रखा है। संस्था एक—महिलाएँ दो थीं—इसलिए दोनों को अध्यक्ष बनाने के लिए तोड़ कर एक की दो संस्थाएँ बना दीं—ये खुश रहें—इनकी जिद पूरी हो।

वैसे, इस जहाज के अपहृत होने और नष्ट हो जाने से दलितों का कोई नुकसान नहीं होना हैं, क्योंकि जैसा पहले बताया जा चुका है, कोई भी जाना-माना और कीमती लेखक इसमें सवार नहीं है। वे सब विमान से बाहर हैं और सुरक्षित हैं।

—'जनसत्ता', दिल्ली, 26 जून 2011—धर्मवीर

अम्बेडकर से शिकायत क्यों

गाँधी हों, मार्क्स या फिर अम्बेडकर—इनके विचारों को मानने वालों ने उनके आदर्शों और विचारों की फजीहत ही की है। बहुत कम लोग विचारों और आदर्शों के पालन के लिए ज़रूरी कष्ट सहने को तैयार हैं। दलितों के उत्थान और एक समतामूलक समाज की स्थापना के लिए लम्बी लड़ाई की आवश्यकता है। इसके लिए लोगों को अपने व्यक्तिगत स्वार्थ छोड़ कर विचार और आदर्श पर आधारित जिन्दगी जीना होगा। मगर आज दलित भी आपस में ही जाति आधारित गैर-बराबरी बनाये हुए हैं। वे जातिगत रीति-रिवाजों का पालन करते हैं। अन्य वर्गों की तरह बहुत से दलित भी इसी कोशिश में लगे हुए हैं कि कैसे उनकी आर्थिक स्थिति सुदृढ़ हो और वे अपने अन्य दलित साथियों को पीछे छोड़ कर अपनी हाशिये की स्थिति से बाहर आ जायें। पूँजीवाद ने लोगों को इस भ्रम में डाल रखा है कि अगर सारे दलित व्यक्तिगत प्रयास करें तो इस हाशिये की स्थिति से बाहर आ सकते हैं। पर जब तक व्यवस्था परिवर्तन नहीं होगा और समतामूलक समाज की स्थापना नहीं होगी तब तक यह सम्भव नहीं है।

सूरजपाल चौहान ने 'जनसत्ता' में छपे अपने लेख 'एक विचारणीय मुद्दा' में लिखा था कि 'आज अगर हिन्दू धर्म जिन्दा है तो देश के दलितों के कारण ही। धर्म के नाम पर जागरण करने वाले भी यही हैं और इन जागरणों को आयोजित कराने वाले भी यही हैं।' हैरानी की बात हैं कि उन्होंने इस समस्या के लिए अम्बेडकर को भी दोषी ठहराया है : 'इस बात के लिए दलितों के मुक्तिदाता डॉ. अम्बेडकर कम जिम्मेदार नहीं हैं। शुरू-शुरू में उन्होंने हिन्दुओ के मन्दिरों में दलित प्रवेश को लेकर बड़े पैमाने पर आन्दोलन किये थे। उन्हीं आन्दोलनों का आज तक इतना गहरा असर है कि देश के दलित मन्दिर प्रवेश की लड़ाई में अपना समय नष्ट करने में लगे हुए हैं। जबकि कटु सत्य यह है कि दलितों के देवी-देवता हिन्दू देवी-देवताओं से अलग हैं।'

डॉ. अम्बेडकर ने ऐसे समय में दलित आन्दोलन शुरू किया था जब कांग्रेस और महात्मा गाँधी अंगेजी दासता के विरुद्ध भारत-मुक्ति की लड़ाई लड़ रहे थे। इसी

ने दलितों की मुक्ति का भी मार्ग खोला। जब हिन्दुओं को पराधीनता सहन नहीं है, तो दलितों को पराधीनता कैसे सहन हो सकती है? अगर अंग्रेजी सत्ता से भारत को मुक्ति चाहिए थी, तो हिन्दू सत्ता से दलितों को भी मुक्ति चाहिए थी। अगर भारत स्वाधीन हो गया और करोड़ों दलित भारतीयों को स्वाधीनता नहीं मिली, तो भारत की स्वाधीनता का कोई मूल्य नहीं था। इस विचार के साथ डॉ. अम्बेडकर ने दलित-स्वाधीनता की लड़ाई लड़ी।

अम्बेडकर ने इस आन्दोलन को सीधी लड़ाई से जोड़ने की कोशिश की। उन्होंने दो सत्याग्रह किये—पहला महाड़ में जल सत्याग्रह और दूसरा नासिक में धर्म सत्याग्रह। यों सत्याग्रह गाँधीजी का अस्त्र था, मगर अम्बेडकर ने इसी को हिन्दू सत्ता के खिलाफ इस्तेमाल किया।

2 मार्च, 1930 को, जिस दिन गाँधीजी ने अपना सविनय अवज्ञा आन्दोलन शुरू किया ठीक उसी दिन डॉ. अम्बेडकर ने नासिक में हजारों अछूतों को लेकर कालाराम मन्दिर की ओर कूच किया था। गाँधीजी का आन्दोलन ब्रिटिश निरंकुशता के खिलाफ था तो डॉ. अम्बेडकर का हिन्दू निरंकुशता के। गाँधीजी के आन्दोलन का दमन अंग्रेजी शासन ने किया, तो डॉ. अम्बेडकरके धर्म सत्याग्रह आन्दोलन को सवर्ण हिन्दुओं ने सत्याग्रही अछूतों पर हमला करके कुचल दिया। फिर भी अछूतों का जोश कम नहीं हुआ। नतीजतन, मन्दिर के प्रंबधकों ने एक साल के लिए मन्दिर का दरवाजा ही बन्द कर दिया।

दलित वर्ग के लोग एक निर्णायक लड़ाई लड़ना चाहते थे। मगर अम्बेडकर इस सत्याग्रह को लम्बे समय तक चलाने के पक्षधर नहीं थे। उन्होंने इसे स्थगित कर दिया। इसका कारण स्पष्ट करते हुए उन्होंने बताया कि मन्दिर आन्दोलन इसलिए नहीं किया गया था कि मन्दिर में बैठे 'भगवान' अछूतों के कष्ट दूर कर देंगे। यह आन्दोलन इसलिए चलाया गया था कि उन्होंने यह अनुभव किया था कि वह दलित वर्गों को ऊर्जा देने और उन्हें वास्तविक स्थिति का बोध कराने का बेहतर मार्ग था। इस सत्याग्रह से उनका उद्देश्य पूरा हो गया है, इसलिए अब मन्दिर प्रवेश आन्दोलन की कोई आवश्यकता नहीं है। इसके स्थान पर उन्होंने दलितों को अपनी ऊर्जा राजनीति पर केंद्रित करने की सलाह दी।

अम्बेडकर का मानना था कि वर्णव्यवस्था ही जाति भेद और अस्पृश्यता का मूल है। हिन्दू नेताओं ने कुछ समय बाद दलित वर्गों से मन्दिर प्रवेश आन्दोलन को समर्थन देने की अपील की थी, पर अम्बेडकर इसके पीछे की राजनीति जानते थे। इसलिए उन्होंने एक लम्बा वक्तव्य 14 फरवरी, 1933 को प्रेस को दिया। इस वक्तव्य में उन्होंने कहा था कि 'अभी ज्यादा दिन नहीं हुए, भारत में यूरोपियन क्लबों के दरवाजों पर लिखा होता था—कुत्तों और भारतीयों का प्रवेश वर्जित है। आज हिन्दुओं

के मन्दिरों पर भी ऐसे ही बोर्ड टँगे हैं। अन्तर सिर्फ यह है कि उनमें जानवर प्रवेश कर सकते हैं, पर दलितों को प्रवेश की अनुमति नहीं है। दोनों मामलों में स्थिति एक-सी है। पर भारतीयों ने अपना स्वाभिमान त्याग कर कभी भी यूरोपियों से उनके क्लबों में जाने की भीख नहीं माँगी। क्या फिर दलित ही अपना स्वाभिमान त्याग कर उन मन्दिरों में प्रवेश करना चाहते हैं, जहाँ से हिन्दुओं ने उन्हें बहिष्कृत कर दिया है? दलितों के लिए मन्दिरों के दरवाजे खुलें या न खुलें—इस प्रश्न पर हिन्दुओं को सोचना है न कि दलितों को इसके लिए आन्दोलन चलाना है।... हिन्दू इस बात पर भी विचार करें कि क्या मन्दिर प्रवेश हिन्दू समाज में दलितों के सामाजिक स्तर को ऊँचा उठाने का अन्तिम उद्देश्य है? या उनके उत्थान की दिशा में यह पहला कदम है? अगर यह पहला कदम है तो अन्तिम लक्ष्य क्या है? अगर मन्दिर प्रवेश अन्तिम लक्ष्य हैं, तो दलित वर्गों के लोग उसका समर्थन कभी नहीं करेंगे। दलितों का अन्तिम लक्ष्य है सत्ता में भागीदारी।'

यानी डॉ. अम्बेडकर ने दलितों के अन्दर वह चेतना जगायी, जो उनके पहले किसी ने भी उनमें नहीं जगायी थी। उनके अधिकारों के प्रति चेतना। उन्होंने दलितों को वह अधिकार वापस दिलाये जो इस संसार में मनुष्य होने के नाते उनके पास होने चाहिए।

आज अगर दलित हिन्दू धर्म अपना रहे हैं और अपने घरों में हिन्दू देवी-देवताओं की मूर्तियाँ रख कर पूजा कर रहे हैं तो यह उनकी अज्ञानता है, न कि अम्बेडकर द्वारा दलितों को उनका मनुष्य के रूप में दिलाया गया अधिकार। अम्बेडकर ने साफ-साफ कहा था कि यह धर्म हमें गुलाम बनाता है। उन्होंनें कहा कि 'हिन्दुओं की गिनती उन अविश्वासी लोगों में की जा सकती है, जिनकी करनी और कथनी में अन्तर है। उन लोगों पर विश्वास मत कीजिए, जो एक ओर घोषणा करते हैं कि ईश्वर सभी में हैं और दूसरी ओर आदमियों के साथ पशुओं से भी बदतर व्यवहार करते हैं। ऐसे लोगों से सम्बन्ध मत रखिये, जो चींटियों को तो चीनी दें, पर आदमियों को सार्वजनिक कुँओं से पीने का पानी न लेने देकर मारें।'

अम्बेडकर ने हिन्दू धर्म को छोड़ कर बौद्ध धर्म ग्रहण करने के लिए कहा था। उनका मानना था कि बौद्ध धर्म अत्यन्त व्यावहारिक है, जो मनुष्य के चरमोत्कर्ष का साधन है। उनके अनुसार 'धर्मांतरण कोई खेल नहीं। न तो यह मौज या मनोरंजन का विषय ही है। यह तो सम्पूर्ण दलित समाज के जिन्दगी और मौत का प्रश्न है। व्यक्ति के विकास के लिए समाज की आवश्यकता है, तब भी समाज की धारणा धर्म का अन्तिम लक्ष्य नहीं हो सकता। व्यक्ति का विकास ही धर्म का वास्तविक उद्देश्य है, ऐसा मैं समझता हूँ। जिस धर्म में व्यक्ति का कोई महत्त्व नहीं है, वह धर्म मुझे स्वीकार नहीं।

इन सब बातों को ध्यान में रख कर देखें तो कहीं भी ऐसा नहीं लगता कि डॉ. अम्बेडकर ने दलितों को हिन्दू धर्म ग्रहण करने के लिए बाध्य किया हो या फिर बौद्ध धर्म ग्रहण करने के लिए। ऐसे में दलितों के हिन्दू धर्म अपनाने या फिर हिन्दू देवी-देवताओं की पूजा करने के लिए अम्बेडकर को जिम्मेदार ठहराना कहाँ तक उचित है?

—'जनसत्ता', दिल्ली, 3 जून 2012—प्रियंका सोनकर

वैकल्पिक समाज की ज़रूरत

कुछ महीने पहले जयपुर जिले के निमोड़ा गाँव के एक दलित युवक ने धमकी दी कि अगर उसे न्याय नहीं मिला तो वह इस्लाम कबूल कर लेगा। उसकी शिकायत है कि उसे गाँव के मन्दिर में नहीं जाने दिया जाता। इसलिए जब उसने अपने घर में ही एक मन्दिर बना लिया तो ऊँची जाति के हिन्दुओं ने आपत्ति की और उस पर इक्कीस हजार रुपये जुर्माना लगा दिया। साथ में मन्दिर तोड़ देने का हुक्म भी दे दिया। जब उसने उनका हुक्म मानने से इनकार कर दिया तो गाँव वालों से मिल कर उसका बहिष्कार करवा दिया गया। उसके परिवार को गाँव से बाहर निकाल दिया गया है। तब से वह स्थानीय पुलिस से लेकर एसपी, डीआईजी, गृह सचिव और मुख्यमन्त्री से मिल चुका है, पर अभी तक कोई कार्रवाई नहीं हुई है।

पहले भी जब दलित हिन्दू मन्दिरों में प्रवेश के अधिकार को लेकर आन्दोलन करते थे, प्रशासन उनके पक्ष में कोई कदम नहीं उठाता था। पर सवाल है कि ऐसा होता ही क्यों है? क्यों दलित हिन्दू मन्दिरों में प्रवेश को प्रतिष्ठा का प्रश्न बना लेते हैं या घोड़ी पर चढ़ने, घर में मन्दिर बना लेने, दलित स्त्रियों के सती होने या इसी तरह की सामाजिक प्रथा का निर्वाह करने को लालायित होते हैं? क्यों नहीं वे अपने अलग देवता बना लेते और उन्हें अपने मन्दिरों में स्थापित कर लेते हैं? क्यों नहीं घोड़ी पर चढ़ने या सती होने के बजाय अपनी अलग प्रथाएँ बना लेते हैं? क्यों वे उसी हिन्दू वर्ग की नकल करना चाहते हैं, जो उनका उपयोग तो करता है, पर उन्हें सम्मानजनक जीवन जीने का अधिकार नहीं देना चाहता।

आश्चर्य है कि जिस बात को एक नितान्त अशिक्षित महिला कांचा इलैया की माँ समझ लेती और अपने बेटे को समझा देती है, उसे डॉ. अम्बेडकर क्यों नहीं समझे और अपने अनुयायियों को समझा पाये? वह कोई पचास-पचपन साल पहले ही अपने बेटे को चेताती है–'चाहे तुम कुछ भी करो, इस जन्म में तुम उनके मन्दिर के पुजारी नहीं बन सकते। तुम वीरप्पा या पोचम्मा के मन्दिर में जा सकते हो, पर शिव या हनुमान के मन्दिर में नहीं जा सकते।'

शायद माँ की यह कटूक्ति ही हिन्दू धर्म के उस यथार्थ को कांचा के सामने

रखती है कि वह आगे चल कर हिन्दू बने रहने से इनकार कर देता है। अम्बेडकर भी अपने जीवन में लगातार हिन्दू धर्म के वर्णभेद का शिकार रहे और अनन्त अपमान और अवज्ञा भोगते हुए इस निष्कर्ष तक पहुँचे कि मैं पैदा ज़रूर हिन्दू धर्म में हुआ हूँ, पर मरूँगा इसमें नहीं। और इसे पूरा करने के लिए अन्त में उन्होंने बौद्ध धर्म अपना लिया। लेकिन हिन्दू धर्म से उनका लगाव नहीं छूटा।

वे बौद्ध इसलिए नहीं बने कि उनके इस कदम से हिन्दू धर्म को क्षति पहुँचेगी और उसके कर्णधार अपनी कमियों को दूर करने की कोशिश करेंगे बल्कि इसलिए बने कि वह भी इसी धर्म का एक अंग है। बौद्ध बन कर भी वे उसके सिद्धान्तों के अनुरूप अपनी एक अलग समाज रचना तैयार करने का प्रयास नहीं करते। सब कुछ वैसे ही चलता रहता है। इस तरह बौद्ध धर्म का अंगीकार भी एक प्रतीकात्मक विरोध बन कर रह जाता है।

अम्बेडकर के अनुयासी होते हुए भी कांचा हिन्दू धर्म की भेदभावपरक रीति-नीतियों पर अधिक संहारक प्रहार करते हैं। वे कहते हैं, 'जैसे ब्राह्मण भारत के हिन्दुत्वीकरण का नारा लगाते हैं, मैं कहता हूँ भारत का दलितीकरण करो। हिन्दुत्ववाद से नफ़रत करो। ब्राह्मणवाद से घृणा करो। क्योंकि हिन्दू धर्म सवर्णों का धर्म है। उसकी सारी व्यवस्थाएँ शूद्र विरोधी हैं। वे हिन्दू धर्म के देवी-देवताओं को इस आधार पर मानने से इनकार करते हैं, क्योंकि वे सब अभिजात कुलोत्पन्न हैं। कोई निम्न वर्ग का नहीं है और न ही कोई गरीब है।' सवर्णों के इन देवी-देवताओं के बरक्स दलित बहुजन के देवी-देवता पोट्रराजू और पोचम्मा लोगों की रोजाना की जिन्दगी से अधिक जुड़े हैं, इसलिए उनकी मान्यता दलितों के बीच अधिक है। वे इसी तरह के लोक-देवताओं की प्रतिष्ठा सारे हिन्दुस्तान के दलितों के लिए चाहते हैं।

अम्बेडकर हिन्दुत्व के अभिशाप को धर्मान्तरण से धोना चाहते हैं, पर हिन्दू धर्म के सूत्रधार उन्हें ऐसा करने की छूट नहीं देना चाहते। वे धर्मान्तरण रोकने के लिए भी कानून बनाना चाहते हैं। कांचा इलैया इस बात से ही इनकार करते हैं कि वे हिन्दू हैं। वे दलित और बहुजन को एक मानते हुए दोनों की सम्मिलित संख्या के मुकाबले हिन्दुओं को अल्पसंख्यक घोषित करते हैं, क्योंकि उनका मानना है कि दलितों और शूद्रों की आध्यात्मिक संस्कृति एक जैसी है। उनके खानपान, स्त्री-पुरुष सम्बन्ध और श्रम के प्रति दृष्टिकोण में बहुत समानता हैं। हिन्दुत्व त्यागने पर ही उन्हें समान अधिकार मिल सकते हैं। श्रम आधारित उत्पादन संस्कृति से जुड़े होने के कारण द्विज उन्हें निम्न स्तरीय ही मानते रहेंगे, क्योंकि उनके समाज में श्रम से कटे होना और अनुत्पादक कर्म से जुड़े होना ही श्रेष्ठता के प्रतिमान हैं।

बौद्ध धर्म ब्राह्मणवादी व्यवस्था को चुनौती देता है और उसके समानान्तर एक भेदभाव रहित, समानता आधारित सामाजिक संरचना के स्वरूप को आकार देने

की कोशिश करता है। उसमें जाति या लिंग से किसी को ऊँचा-नीचा मानने की व्यवस्था को खारिज करने के प्रावधान को महत्त्व दिया जाता है। वह देवी-देवताओं को नहीं मानता। उसकी क्रान्तिकारिता इस बात में निहित है कि वह समाज के शोषित-वंचितों में स्वाभिमान जगाकर यह चेतना पैदा करता है कि वे भी किसी से कम नहीं हैं।

अफसोस कि अम्बेडकर बौद्ध धर्म अपनाकर भी परम्परागत हिन्दू समाज संरचना के विकल्प में बौद्ध धर्म की समाज संरचना पेश करने में विफल रहे। वैचारिक रूप से दो भिन्न-भिन्न स्थानों पर खड़े होने पर भी पता नहीं कैसे अम्बेडकर गाँधी का यह परामर्श मान लेते हैं कि धर्म परिवर्तन के बावजूद वे हिन्दू धर्म को कम से कम क्षति पहुँचायेंगे। वे उस बौद्ध धर्म को अपनाते हैं जो उनके मतानुसार भारतीय संस्कृति का ही एक अंग है। इस संस्कृति का मूल आधार वे हिन्दू धर्म को ही मानते हैं, पर हिन्दुत्व इस बात को नहीं मानता। इसका परिणाम यह हुआ कि दलित बहुजन उसी हिन्दू धर्म को मानने के लिए अभिशप्त हैं, जो उन्हें सदा से पद-दलित करता रहा है। अगर उसका अपना धर्म, अपने देवी-देवता, अपने रीति-रिवाज होते, अपनी समाज-व्यवस्था होती तो वे भी ईसाइयों, मुसलमानों, पारसियों की तरह हिन्दुओं से बराबरी का व्यवहार करते।

अब जब ऐसा नहीं हुआ है और दलित बहुजन हिन्दू धर्म का ही अंग बने हुए हैं तब उन्हें इस बात पर भी गहराई से विचार करना होगा कि अम्बेडकर छुआछूत को एक सामाजिक बुराई या वर्ण-व्यवस्था का दोष मानने के बजाय भारतीय संस्कृति का एक अभिन्न अंग क्यों मानते हैं? अगर सचमुच ऐसा ही है तो इसे दूर करने के लिए सरकारी स्तर पर कानून के जरिये इतने सालों से जो प्रयास हो रहे हैं वे क्या सांस्कृतिक क्रांति का एक अंग हैं? पर भारतीय संस्कृति के ध्वजधारी तो इस बात को नहीं मान रहे हैं। उनके लिए भारतीय का मतलब अनिवार्यतः हिन्दू है।

वर्ण व्यवस्था से उपजा एक दुष्परिणाम यह भी है कि दलित समुदाय में भी आरक्षण की बदौलत या निजी उद्यम से जो लोग सम्पन्न और सशक्त हो रहे हैं, उनमें नव-ब्राह्मण या नव-अभिजात बनने का रुझान तेजी से बढ़ रहा है। जिस ऊँच-नीच का शिकार होकर वे सदियों तक शोषित वंचित रहे और इसके लिए ब्राह्मणवाद को कोसते रहे उसी को अब वे खुद न केवल धारण कर रहे, बल्कि ऐसा करने में गर्व भी अनुभव कर रहे हैं।

अम्बेडकर जोर देकर कहते हैं कि बुद्ध और मार्क्स में से एक को अपनाना होगा और हिन्दू धर्म के प्रति लगाव और आस्तिकता के कारण वे बुद्ध को अपने लिए चुन लेते हैं। इतना ही नहीं, खुद को मार्क्सवाद का सबसे बड़ा शत्रु घोषित कर देते हैं। वे यह तक कह डालते हैं कि अगर भारत ने साम्यवाद को अपना

लिया तो वह नष्ट हो जायेगा। वे दलितों की दुर्दशा का कारण आर्थिक नहीं, सामाजिक मानते हैं। लेकिन बाद में साबित हुआ कि दलितों को जातीय नहीं, वर्गीय भेद प्रताड़ित करता है और अगर समाज में आय का बँटवारा ठीक से होता है, तो दलितों को सम्मान भी मिल सकता है और ताकत भी। अम्बेडकर शायद इस सचाई को देख नहीं पाये।

—'जनसत्ता', 22 जनवरी 2012—सुरेश पंडित

❐❐